JOHN GREEN

DAS SCHICKSAL IST EIN MIESER VERRÄTER

ANALYSE
UNTERRICHTSMATERIALIEN
DIDAKTISCH-METHODISCHE ANREGUNGEN

Die Seitenangaben beziehen sich auf die Textausgabe
John Green
Das Schicksal ist ein mieser Verräter
dtv, Reihe Hanser, ISBN: 978-3-423-62583-8

Bestell-Nr. TBSCHICKSAL

Hörbuch und DVD sind ebenfalls über den Verlag Krapp & Gutknecht beziehbar:
Bestell-Nr. HOERSCHICKSAL
Bestell-Nr. DVDSCHICKSAL

Lehrerheft

Elinor Matt

Krapp & Gutknecht

„UNSER BESTES LEBEN HEUTE LEBEN“ (S. 21)

Dieses von Hazel zunächst als *„dämlich“* bezeichnetes Mantra der Selbsthilfegruppe erweist sich zunehmend als Hinweis darauf, dass der Roman nicht als Krebsbuch zu verstehen ist, sondern als Geschichte des Lebens in all seinen Facetten. Denn vor allem die beiden Protagonisten Hazel und Gus versuchen, das Beste aus ihrer Lebenszeit zu machen, ohne Schmerz, Angst, Verzweiflung und Trauer auszuklammern. Sie gestalten ihr Leben mit Literatur, Musik, Spielen, Filmen und gemeinsamen Unternehmungen. Und sie wagen die Liebe.

Geschrieben ist diese Geschichte in dem unverwechselbaren Stil, der die Leserinnen und Leser in den berührenden Momenten mitleiden lässt und ihnen im nächsten Augenblick ein Lachen schenkt, weil er eine authentische und ehrliche Erzählweise mit Humor und Ironie zu verbinden weiß.

So ist es nicht verwunderlich, dass Inhalt und Form die Jugendlichen ansprechen und den Roman zu einem Lieblingsbuch vieler junger Menschen werden ließen. Die Welle der Begeisterung, noch verstärkt durch die Verfilmung, führte zu der Diskussion, ob Greens Buch als Schullektüre eingesetzt werden sollte. Auf der einen Seite könnte dieser Roman den Texten zuzuzählen sein, *„über die du mit niemandem reden willst, weil das Buch so besonders und kostbar und persönlich für dich ist, dass darüber zu reden sich wie Verrat anfühlt.“* wie Hazel auf S. 41 schreibt. Auf der anderen Seite beweisen die unzähligen Kommentare der jugendlichen Leserinnen und Leser, die in Internetforen zu finden sind, dass Gesprächsbedarf besteht, dass dieser Roman ein Buch ist, das *„einen mit diesem seltsamen Missionstrieb“* (S. 41) erfüllt.

Der Einsatz von *Das Schicksal ist ein mieser Verräter* im Unterricht, fächerübergreifend und fächerverbindend (z. B. Deutsch, Englisch, Religion, Ethik), hat die Chance, die Begegnung mit dem Text, mit den Figuren und Themen zu vertiefen und in der gemeinsamen Erarbeitung einen Transfer in die Lebensrealität zu leisten, die Enkulturation[1] im besten Sinn bedeutet.

Dabei ist allerdings zu bedenken, dass dieser Roman eher kein Buch ist, das man ohne vorherige Absprache mit den Schülerinnen und Schülern zur Pflicht machen sollte. Ulf Cronenberg[2] hat das in seiner Rezension sehr treffend formuliert:
„Ja, warum nicht? ‚Das Schicksal ist ein mieser Verräter‘ eignet sich durchaus auch für die Schule, und die Begründung dafür wurde in der Buchbesprechung ja schon geliefert. John Greens Roman ist eben nicht nur ein Krebsbuch, es ist außerdem kein vor Mitleid triefendes Problembuch, das vielen Schülerinnen und Schülern auf die Nerven gehen dürfte, sondern ein Buch, das man als Anlass für persönliche und spannende Diskussionen zu vielen Themen nehmen kann. Eine Klasse, die dafür offen ist (ich würde sagen: ab der 9. Jahrgangsstufe), sollte man dafür allerdings als Voraussetzung nennen.“

Mit diesen Überlegungen im Hintergrund wünsche ich Ihnen ein gutes Gelingen und ein gemeinsames Erleben mit Ihren Schülerinnen und Schülern.

---

1 das Hineinwachsen des Einzelnen in die Kultur der ihn umgebenden Gesellschaft

2 https://www.jugendbuchtipps.de/2012/08/09/buchbesprechung-john-green-das-schicksal-ist-ein-mieser-verrater/

Schon in der Exposition des KAPITEL EINS zeigt sich die Qualität des Autors John Green.
Nach der Einführung der Protagonistin, der Ich-Erzählerin Hazel Grace Lancaster, verbunden mit einem ersten Einblick in ihre Lebenssituation, schließt sich mit dem Erscheinen der zweiten Hauptfigur Augustus Waters, genannt Gus, die Möglichkeit des Spannungsaufbaus, der Ausblick auf Veränderungen an: Hazel und Gus lernen sich kennen und finden sofort eine gemeinsame Kommunikationsebene.

Entgegen ihren Gewohnheiten, ein zurückgezogenes Leben zu führen, folgt Hazel nach der ersten gemeinsamen Sitzung der Selbsthilfegruppe gleich Gus' Einladung, bei ihm zu Hause die DVD des Films *Vendetta* anzusehen. Mit der Wahl dieses Films veranschaulicht der Autor geschickt die Problematik des Augustus Waters: die Angst vor dem Vergessen-Werden. Mit dem Zusammensein der beiden Protagonisten werden genauere gegenseitige Informationen über die Krankheit und die Schulsituation verknüpft, über Hazels Schilddrüsenkrebs mit Metastasen und ihrem Zeit gewinnenden Medikament, über Gus' Osteosarkom, die Beinamputation und die Möglichkeit, geheilt zu sein. Das alles geschieht ohne Sentimentalität, sachlich und/oder mit feiner Ironie auf eine Kommunikationsebene gehoben, auf der sich beide treffen und die auf eine Möglichkeit ihres sprachlichen Umgangs mit ihrer Situation hinweisen.

Hazels Entscheidung, Gus ihre Vorliebe für den Roman *Ein herrschaftliches Leiden* anzuvertrauen, wird im späteren Handlungsverlauf erkennbar als erste Andeutung ihres Problems, eine „Zeitbombe" zu sein. Dieser Roman ist ein unabgeschlossener Text, der das Leben und Sterben der krebskranken Hauptfigur Anna beschreibt und mitten im Satz abbricht. Damit kommt Hazel nicht zurecht, denn sie verlangt nach einer Fortsetzung, will erfahren, wie das Leben der anderen Figuren weitergeht, dass es weitergeht, gut weitergeht. Dieses Problem steht für Hazels Angst, die Eltern durch ihre Krankheit und ihren Tod zu belasten. Erneut zeigt sich hier die Kunst des Autors John Green, der Literatur und Wirklichkeit, Fiktion und Realität verbindet, die Möglichkeiten der Literatur für das Leben anzeigt, zum Beispiel, sich verstanden zu fühlen. Verbunden mit der Reaktion von Gus, dem Austauschangebot seines Lieblingsbuches *Preis der Morgenröte,* der schriftlichen Fassung seines favorisierten Computerspiels um einen Helden, der die Vergessens-Problematik durch seine in Fortsetzungen verewigten Rettungstaten für sich gelöst hat, vermittelt der Autor sensibel die sich anbahnende Nähe der beiden.

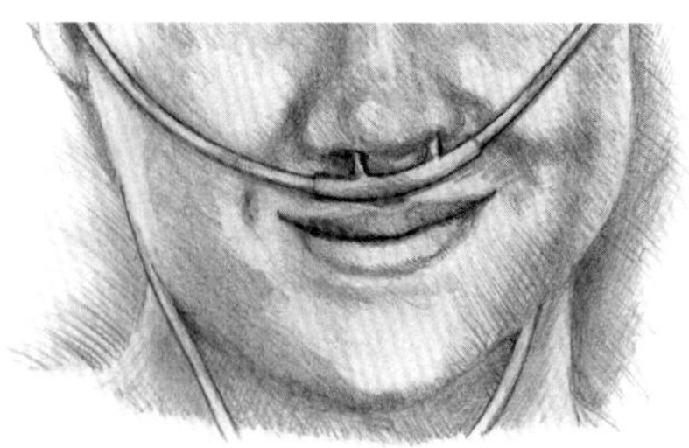

Gus versteht Hazel, will sie unterstützen auf ihrer Suche nach der Fortsetzung von *Ein herrschaftliches Leiden* und nimmt Kontakt mit dem Autor Peter van Houten auf, der zu einer Einladung nach Amsterdam führt. Gus hat seinen Wunsch noch offen, den eine Hilfsorganisation für krebskranke Kinder und Jugendliche erfüllen kann, und schenkt ihn Hazel für ihre Reise nach Amsterdam.
Im Unterschied zum ironischen Schlagabtausch über Krankheit, Umgang mit der Situation und Bezüge zu literarischen Texten und Zitaten wechselt die Kommunikationsebene: Ernsthaftigkeit und Ehrlichkeit, Authentizität im sprachlichen Umgang miteinander, verdeutlichen die Entwicklung der Beziehung.

Hazel, als sie spürt, dass sie sich in Gus verliebt hat, beschließt den Rückzug, um nicht auch für ihn eine „Zeitbombe" zu werden. Ihre Angst und ihr daraus resultierendes Verhalten veranschaulichen auf eindrucksvolle Weise, welchen Belastungen ihr vom Krebs gezeichnetes Leben ausgeliefert ist, verweist aber vor allem auch auf die Fähigkeit zur Empathie, die Hazel charakterisiert und zu dem besonderen Menschen macht, dem Gus in seinen Aufzeichnungen an Peter van Houten am Ende seines Lebens liebevoll und bewundernd ein sprachliches Denkmal setzt.

Wie auch durch die Problematik von Gus, der Angst vor dem Vergessen-Werden hat, der in seinem Leben etwas leisten möchte, das in der Nachwelt Bestand hat, gelingt es John Green, seinem Roman eine ethisch-theologische Qualifikation zu geben, vor allem durch die Gespräche über Leben, Tod, die Unsicherheit über das ‚Danach' und die empathische Verbundenheit mit den Menschen der Vergangenheit und der Zukunft. Spätestens hier wird deutlich, dass *Das Schicksal ist ein mieser Verräter* kein Krebsbuch ist, sondern eine Geschichte vom Leben, dem einzigen Leben, das die Figuren zur Verfügung haben.

Die Reise nach Amsterdam wird Wirklichkeit, den erneuten Belastungen durch die Krankheit von Hazel und Gus zum Trotz. Diese Stadt wird zur großen Enttäuschung durch das ungehobelte Verweigerungsverhalten von Peter van Houten, diese Stadt wird zum tiefen Erleben der Liebe von Hazel und Gus, wird zur Verwirklichung des Mantras der Selbsthilfegruppe: UNSER BESTES LEBEN HEUTE LEBEN.
Kunstvoll verknüpft der Autor die Schilderungen von den Eindrücken und Hazels mühsamem Kampf mit dem Sauerstoffmangel beim Besuch des Anne-Frank-Hauses, von Gus' Information über seinen zurückgekommenen Krebs und die verzweifelte Reaktion des jungen Paares mit den Bildern der gewagten Liebe.

Zurück in Amerika beginnt das Sterben von Gus, mitgetragen von seinen Eltern und der ganzen Familie, seinem Freund Isaac und vor allem von Hazel, die an seiner Seite ist bei körperlichen und seelischen Zusammenbrüchen, in den kurzen Momenten der Erleichterung und bei den Gesprächen über Ängste, Gedanken und Wünschen, die den Sterbenden begleiten. So hebt John Green die Liebe der beiden auf eine Ebene, die der Formel ‚in guten und in schlechten Tagen' gerecht wird. Krankheit und Tod lassen nicht die Zeit, zu einer Lebensgemeinschaft zusammenzuwachsen, aber sie schenken die Chance, füreinander da zu sein. Hazel erkennt, dass eine solche Liebe womöglich in der Alltagsrealität nicht bestehen würde, und versteht, dass der Mensch zur Demut aufgefordert ist.

Geschickt sind alle anderen Figuren in die Geschehnisse eingebunden:

- die Eltern von Hazel und Gus mit ihrem sorgenden Beistand, ob in der kreativen Gestaltung des Alltags und der Vorsorge für die Zukunft oder dem Angebot der Kraft des Glaubens
- Isaac, der Freund von Gus, erblindet nach einer Augenoperation, aber vom Krebs geheilt
- Er wird verlassen von seiner Freundin Monica, die sich dem Schicksal Isaacs nicht gewachsen fühlt. Verzweiflung und Wut steht Isaac zusammen mit Gus und Hazel durch, Trauer begleitet ihn in den letzten Tagen mit seinem Freund. In der Beziehung von Isaac und Monica stellt der Autor Hazel und Gus ein Gegenbeispiel gegenüber: einen Bruch aus Angst und Überforderung. Er überlässt es dem Leser, zu überdenken, ob Verständnis oder Verurteilung die passende Reaktion ist.
- Kaitlyn als Freundin aus gesunden Tagen steht für die Distanz, die Hazel zu ihrem früheren Leben hat.
- Caroline als Partnerin von Gus weist einerseits auf die negativen Charakterveränderungen, die der Krebs zur Folge haben kann, hin, andererseits auf einen Gus, der sich für die Schwachen stark macht, auch wenn das große Belastung bedeutet. So ist Caroline auch eine Gegenfigur zu Hazel.
- Die Selbsthilfegruppe, ihr Leiter, der von Hazel ironisch beschrieben wird, dessen Engagement jedoch von den Lesern nicht übersehen werden sollte, steht für die Unbeholfenheit im Umgang mit den Schicksalen der kranken Kinder und Jugendlichen, die Patienten weisen auf die vielen Menschen hin, die dieses Krankheits-Schicksal teilen, aber auch auf den Funken Hoffnung auf Augenblicke der Erleichterung in Gemeinschaft.
- Die Funktion des fiktiven desillusionierten Autors Peter van Houten und seines Romans ist mehrdimensional. Die Verknüpfung seines Romans *Ein herrschaftliches Leiden* mit der Erzählebene Hazels veranschaulicht die unterstützende Rolle der Literatur für Lebensgestaltung und Lebensbewältigung. Die Person des Peter van Houten und sein Umgang mit dem Schicksal seiner Tochter Anna weist in die andere Richtung: Das Schreiben über Leben und Sterben von Anna brachte keine Erleichterung, Literatur wird ihrer Funktion beraubt. Die Bewältigung des Schicksals in der Verarbeitung von Trauer wird nicht geleistet, die Hilfe und Empathie der Assistentin Vliegenhart, die sich auch im Kümmern um Hazel und Gus zeigt, wird zurückgewiesen, der Alltag im Alkohol verlebt, ein Gegenbeispiel zu Hazels Bestehen des Lebens.

Fazit: Die Belastungen durch den Krebs, körperlicher und seelischer Art, werden nicht verschwiegen, nicht heruntergespielt, sie durchziehen den Roman ohne Wehleidigkeit, mit stellenweise sprachlich sehr deutlichen Schilderungen von Augenblicken der Verzweiflung und Ausweglosigkeit, immer ernsthaft und ehrlich.
Wichtiger und wirkungsvoller, was auch durch die Reaktionen der Leser belegt wird, sind die Menschen, vor allem Hazel und Gus, in ihrem Umgang mit sich, dem Leben und der Liebe.

SCHICKSAL UND EIGENVERANTWORTUNG

Sieht man sich die Definitionen von *'Schicksal'* an, so sind häufig Aussagen wie folgende zu finden:

Schicksal = von einer höheren Macht über jemanden Verhängtes, ohne sichtliches menschliches Zutun sich Ereignendes, was jemandes Leben entscheidend bestimmt[1]

Schicksal = der Ablauf von Ereignissen im Leben des Menschen, die als von göttlichen Mächten vorherbestimmt (geschickt) oder von Zufällen bewirkt empfunden werden, mithin also der Entscheidungsfreiheit des Menschen entzogen sind[2]

Der Bezug dieses Begriffes zum Inhalt des Romans *Das Schicksal ist ein mieser Verräter* lässt sich leicht herstellen: Protagonisten und Mitbetroffene weisen durch die lebensbestimmenden Ereignisse in unterschiedlichen Ausprägungen auf diese Definitionen hin.

Das *Schicksal* trifft mit Krankheit und Tod, es fordert zu Lebensumstellungen auf, belastet mit Schmerzen, Angst und Trauer und entzieht den Menschen durch die Unausweichlichkeit der Ereignisse die Entscheidungsfreiheit, Veränderung bewirken zu können. Die Situation des Ausgeliefertseins ist in bedrückender Weise verdeutlicht.

Definitionen des *Schicksalsbegriffes* werden oft erweitert durch Angaben über mögliche Einstellungen dem Schicksal gegenüber:

- Ergebung/Fatalismus
- Aufbegehren/Wut
- Verurteilen des Schicksals
- Glaube an die Überwindbarkeit
- Glaube an die dennoch vorhandene Willensfreiheit des Menschen
- Sich dem Schmerz stellen
- Annahme des Schicksals

Auch hier zeigt sich der Zusammenhang mit dem Roman.

Hazels und Gus' Gestaltung ihres Lebens und ihrer Liebe, die Mitsorge von Eltern und Freund Isaac und auch der Selbsthilfegruppe stehen für die Übernahme von Eigenverantwortung, für die Ablehnung von Selbstmitleid, was in dem Glauben an die Willensfreiheit impliziert ist.
Für die Eigenverantwortung der Figuren spricht auch die Tatsache, dass die Annahme des Schicksals – ein höchst eigenverantwortlicher Akt – möglich erscheint, dass die Figuren nicht im Fatalismus versinken. Das Thema von Schicksal und Eigenverantwortung entfaltet sich zwischen positiver Lebensgestaltung und Zusammenbruch.

In Augenblicken der Verzweiflung, zum Beispiel als Gus über seinen zurückgekommenen Krebs spricht, steckt in Hazels Worten die Ohnmacht, ausgeliefert zu sein und sie qualifiziert das Schicksal als miesen Verräter: **„»Das ist nicht fair« […]. »Es ist so unglaublich unfair.«“** (S. 230)

Isaac zeigt mit seiner Wut seinem Schicksal gegenüber eine weitere Reaktionsmöglichkeit, tobt sie aus im 'Trophäenmassaker', unterstützt vor allem von Gus, der versteht, was Umgang mit dem Schmerz zu bedeuten hat: **„»Er verlangt, gespürt zu werden.«“** (S. 72)

1 http://www.duden.de/rechtschreibung/Schicksal
2 http://de.wikipedia.org/wiki/Schicksal

THEOLOGISCHE PERSPEKTIVE

Der anwesende Gott

Den Bezug zur Religion, zum Christentum lässt der Roman schon in der Exposition im ersten Kapitel erkennen. Die Selbsthilfegruppe trifft sich in der Episkopalkirche[1], genau im Herzen Jesu, was nicht bedeutet, dass die Figuren ein merkbar an dieser Konfession ausgerichtetes Verhalten zeigen, soweit sie überhaupt an einen Gott glauben.
Um die theologischen Aspekte des Textes herauslesen zu können, seien hier zwei Gottesbilder aufgezeigt, die durch ihre unvereinbaren Vorstellungen das Spektrum umfassen, das im Roman zu finden ist: das traditionelle Bild des Gottes als Grund und Ziel aller Dinge und die später herausgebildete Vorstellung eines relationalen Gottes.

Die Aussagen über das Wesen Gottes im Dokument des 1. Vatikanischen Konzils haben die traditionelle Gotteslehre entscheidend geprägt und seien daher hier auszugsweise zitiert: *„Einer ist der wahre* [...] *Gott, der Schöpfer* [...] *allmächtig, ewig* [...] *unveränderliches geistiges Wesen* [...] *wesentlich von der Welt verschieden* [...]"[2]

Über die Vorstellung des relationalen Gottes sei folgende Formulierung angeführt:
„Meine Beziehung auf den anderen verstehe ich so positiv, daß diese Qualifikation legitim als Gotteserfahrung interpretiert werden kann. [...] Gott ist dabei nichts ‚hinter' dieser Beziehung, nicht ihr Grund und nicht ihr Ziel, sondern er geht in sie ein, ist sie ganz als Positivum. In diesem Sinne kann man sagen, daß Gott Liebe ist, d. h. Liebe ein ‚göttliches Ereignis' ist, daß in zwischenmenschlicher Beziehung Gott gegenwärtig werden kann."[3]

Übertragen auf den Roman ergeben sich folgende Bezüge:

- Figuren wie Patrick, der Leiter der Selbsthilfegruppe, und der Vater von Gus zeigen Verhalten, das an das traditionelle Gottesbild gebunden zu sein scheint: Sie beten, verweisen auf Gott, denken an Verstorbene im Himmel. Dass sie Hilfe durch ihren Glauben erhalten, wird nicht konkret verbalisiert, lässt sich jedoch vermuten. Dass sie durch ihre Hinweise auf Gott den betroffenen Jugendlichen Trost spenden, kommt nicht zur Sprache.
  Die Theodizee-Frage wird nicht gestellt.
- Die Protagonisten Hazel und Gus scheinen aufgrund ihrer Vorstellungen von der Kraft und der Forderung des Universums, vom Weiterleben im großen ‚I' und durch ihre Gedanken zu Zeit und Ewigkeit aus der traditionellen christlichen Glaubensgemeinschaft herauszufallen. Sieht man jedoch genauer hin, so erweisen gerade sie sich in ihrer gelebten Liebesbeziehung als Träger der Gegenwart Gottes im Sinne des ‚göttlichen Ereignisses' in der zwischenmenschlichen Beziehung.
  Die Theodizee-Frage wird in den säkularen Bereich verschoben, wenn Hazel eine Antwort formuliert: **„»Krebskinder sind die Nebenwirkung der unermüdlichen Mutation, die die Vielfalt des Lebens auf der Erde ermöglicht.«"** (S. 58)

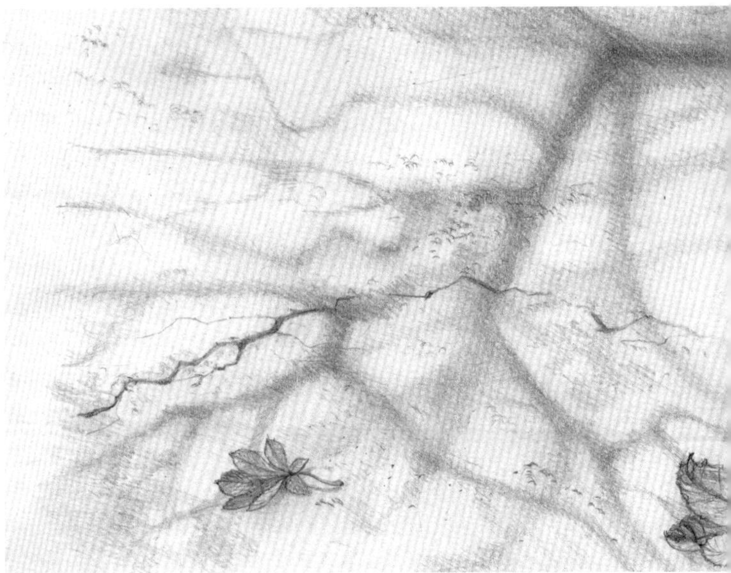

1 Episkopalkirche = Bezeichnung kennzeichnet Kirchen, die zur christlichen Ökumene gehören und in Liturgie und Lehre eine Mittelstellung zwischen Katholizismus und Protestantismus einnehmen.

2 In: Hasenhüttl, Gotthold: Kritische Dogmatik. Styria 1979, S. 120.

3 In: Hasenhüttl, Gotthold: Kritische Dogmatik. Styria 1979, S. 123 f.

Die Nächstenliebe

Dem Themenbereich Aufmerksamkeit und Empathie ist der christlich geprägte Begriff der ‚Nächstenliebe' zuzurechnen, der dem Roman eine weitere theologische Qualifizierung gibt. Als Folge der unterschiedlichen Gottesvorstellungen muss man diesen Begriff aus zwei Perspektiven betrachten.

So ist unter der dem traditionellen Gottesbild zugehörigen ‚Nächstenliebe' der aufmerksame Einsatz für den Mitmenschen zu verstehen, so wie Augustinus es in seinen berühmten Worten ausgedrückt hat:
„Liebe und tu, was du willst. Schweigst du, so schweige aus Liebe. Redest du, so rede aus Liebe. Kritisierst du, so kritisiere aus Liebe. Verzeihst du, so verzeih in Liebe. Lass all dein Handeln in der Liebe wurzeln, denn aus dieser Wurzel erwacht nur Gutes."[4]

Beispiele dieser tätigen Nächstenliebe sind – was die Einstellungen der dem traditionellen Gottesbild verpflichteten Figuren betrifft – im Roman vorhanden. Sie erleichtern das Los der Kranken, tragen zu einem gelebten Alltag bei und stehen zu ihnen in den schwersten Augenblicken.

Bringt man die ‚Nächstenliebe' in Zusammenhang mit dem relationalen Gott, so wird sie zum ‚göttlichen Ereignis' in der zwischenmenschlichen Beziehung. Das betrifft alle Figuren, in besonderem Maße Hazel und Gus, deren Liebe diese ‚Nächstenliebe' mit umfasst.

AUGENBLICK UND EWIGKEIT

Mit dieser Thematik greift der Roman eine existentielle Befindlichkeit auf, die den Menschen aus dem Zeitgeschehen und in eine andere Erlebnisdimension hebt. Zugleich verbindet sich der Mensch mit anderen Zeiten und Kulturen, die ebenfalls um dieses Einswerden von Augenblick und Ewigkeit wussten und wissen.

Eine lateinische Lebensweisheit spricht von dem *„stehenden Jetzt"*, das die *„Ewigkeit macht"*[5], Krishnamurti[6] weist der Liebe *„ihre eigene Ewigkeit"* zu, der Dichter Hermann Hesse[7] formuliert, dass es *„in der Ewigkeit keine Nachwelt, nur Mitwelt"* gebe und Goethe[8] verbindet die Natur mit dem Ewigkeitsgedanken: *„Natur! Alles ist immer da in ihr; Vergangenheit und Zukunft kennt sie nicht. Gegenwart ist ihr Ewigkeit."*

Auf den Roman *Das Schicksal ist ein mieser Verräter* bezogen zeigen sich Konkretisierungen:

- UNSER BESTES LEBEN HEUTE LEBEN zielt auch auf die Möglichkeit des glücklich gelebten Augenblicks, der momenthaft das Ausgeliefert-Sein ausspart.
- Die Liebe schenkt Hazel und Gus Augenblicke der Ewigkeit, im „stehenden Jetzt".
- Hazel erkennt, dass das Erleben ihrer Liebe „Mitwelt" bedeutet, keine „Nachwelt" haben wird, weder im Weiterleben von Gus, noch nach seinem Tod.
- Gus spürt die Verbindung zum ewigen Kreislauf der Natur. Darauf weist seine Aufmerksamkeit auf sie hin.

Ausdrücklich formuliert wird der Bezug zur Ewigkeit im Augenblick, als Hazel in der Erinnerung an ihre Liebe sagt: **„»Als hätten wir eine kurze und gleichzeitig unendliche Ewigkeit gehabt [...].«"** (S. 249)

Alle thematischen Bereiche weisen in ihrer existentiellen Bedeutung über den Roman hinaus, sind Botschaften für jeden Leser, sich als Teil des Ganzen zu erkennen, aufmerksam zu sein auf Ereignisse und Erfahrungen. Das betrifft die jungen und die älteren Leser gleichermaßen, das betrifft *Das Schicksal ist ein mieser Verräter* als Jugend- und Erwachsenenbuch.

4 Augustinus: In epistulam Iohannis ad Parthos tractatus, 7,8.
5 https://zitate-aphorismen.de/thema/ewigkeit/
6 https://zitate-aphorismen.de/thema/ewigkeit/page/3/
7 https://zitate-aphorismen.de/thema/ewigkeit/page/2/
8 https://zitate-aphorismen.de/thema/ewigkeit/page/2/

GESTALTUNG DER HEFTE

Vor jeder Beschäftigung mit einem literarischen Werk steht die Frage: Wie lässt sich der Text den Jugendlichen Gewinn bringend vermitteln? Die Antwort, die Günther Waldmann[1] gibt, weist auf Möglichkeiten hin, die von der Deutschdidaktik seit geraumer Zeit berücksichtigt werden:
„Wenn es zutrifft, dass die Schwierigkeiten des kritischen Lesens insbesondere damit zusammenhängen, dass elementare affektiv-emotive Persönlichkeitsstrukturen des Schülers vernachlässigt, dass seine affekthaft-emotional bestimmte Bedürfnissituation übersehen, dass aufgrund einer falschen Einschätzung seiner Bedürfnislage seine kognitiven Möglichkeiten nicht richtig beurteilt werden, dann liegt ein Ausweg wohl nicht in einem noch intensiver rational organisierten Konzept des Literaturunterrichts [...]. *Es ist ein didaktisches Konzept zu wählen* [...], *das dabei auch einen affektiv-emotiven Umgang mit Literatur ermöglicht.“*
Zu denken ist dabei an die handlungs- und produktionsorientierten Aufgabenstellungen, zu denen auch die theaterpädagogischen Angebote zu rechnen sind, die kreative Verfahren einschließen und damit auch ästhetischen Wahrnehmungskräften Raum geben.
Zu berücksichtigen ist ebenso das didaktische Gewicht, das Lebensnähe und Schülerinteresse haben. So versuchen Schüler- und Lehrerheft diesen Weichenstellungen der Didaktik so weit wie möglich Rechnung zu tragen, ohne das analysierende Vorgehen außer Acht zu lassen.

Das Schülerheft

Das Schülerheft konzentriert sich auf die thematischen Aspekte. Im Zusammenhang damit sollen die sprachlichen Besonderheiten des Textes herausgearbeitet werden. Die Beschäftigung mit dem Autor John Green und seinem Werk rundet die Behandlungsschwerpunkte ab, da sich aus der Biografie und den Ansichten des Autors Verknüpfungspunkte mit dem Roman *Das Schicksal ist ein mieser Verräter* ergeben.

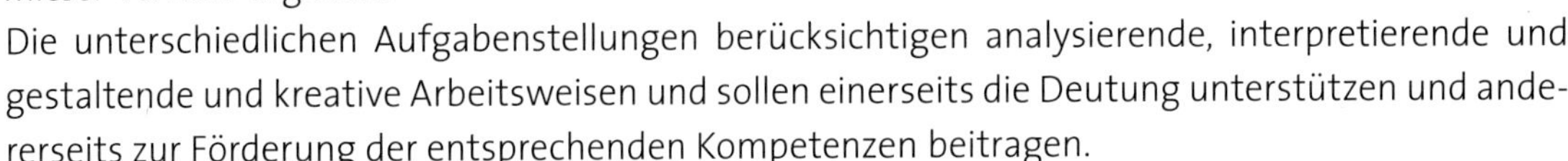

Die unterschiedlichen Aufgabenstellungen berücksichtigen analysierende, interpretierende und gestaltende und kreative Arbeitsweisen und sollen einerseits die Deutung unterstützen und andererseits zur Förderung der entsprechenden Kompetenzen beitragen.

Das Lehrerheft

Dieses Lehrerheft enthält Materialien zur Wiederholung des Inhaltes und der im Schülerheft behandelten Themen.

- Es erweitert die im Schülerheft angebotenen Schwerpunkte, indem es z. B. den theologischen Aspekt, die Auseinandersetzungen mit dem Verhältnis von Schicksal und Eigenverantwortung oder die Thematik von Augenblick und Ewigkeit vertieft. Zudem kommen Hörbuch und Verfilmung in den Blick.
- Weiter erläutert das Lehrerheft auf den Seiten 15–22 die Themenschwerpunkte des Schülerheftes.
- Die Lösungen und Lösungsvorschläge zu den Aufgaben des Schülerheftes sind im Lösungsteil (S. 36–46) zusammengestellt und mit **L** gekennzeichnet. So lassen sie sich einfacher kopieren und können gegebenenfalls der Lerngruppe zur Kontrolle der eigenen Ergebnisse zur Verfügung gestellt werden.
- Ergänzende Aufgabenstellungen mit erläuternden Hinweisen und Kopiervorlagen zu den oben genannten Erweiterungen stellen auf den Seiten 23–35 Materialien zur Verfügung, die der Vertiefung von Kenntnissen und Einsichten dienen und die Lehrpersonen in ihrer individuellen Unterrichtsgestaltung unterstützen sollen. Lösungen und Lösungsvorschläge zu diesen Aufgabenstellungen sind auf Seite 47 aufgeführt.
- Vorschläge zu weiterführender Literatur, Hörbüchern und Filmen befinden sich am Schluss des Heftes.

1 Günther Waldmann: Überlegungen zu einer kommunikations- und produktionsorientierten Didaktik literarischer Texte. In: Literatur im Unterricht, hg. von Herbert Mainusch. München 1979 = Kritische Information 74, Wilhelm Fink Verlag, S. 332.

ÜBERLEGUNGEN ZUR UNTERRICHTSGESTALTUNG

Berücksichtigung der Kompetenzbereiche

In einer Schullandschaft, in der ‚Kompetenz' zu einem Schlüsselbegriff der Bildungspolitik geworden ist, wird erwartet, dass im Unterrichtsmaterial die Vermittlung von Basiskompetenzen berücksichtigt ist. Häufig wird der Kompetenzgedanke an den Teilbereichen den Deutschunterrichtes festgemacht, die – ohne detailliert die unterschiedlichen Formulierungen der einzelnen Bundesländer in den Blick zu nehmen – *Sprechen und Zuhören, Lesen, Schreiben, Sprachreflexion* betreffen, wobei der Umgang mit den Medien impliziert ist.

Die vorliegenden Hefte, im Besonderen das Schülerheft, tragen der Kompetenzorientierung insofern Rechnung, dass sie durch die Aufgabenangebote das Training von Basiskompetenzen ermöglichen.
Hier seien stellvertretend nur einige Beispiele aufgeführt:

- Textinhalte verstehen und zusammenfassen können
- Entscheidungen begründen können
- Texte verfassen können
- Sprechhandeln im Zusammenhang der Kommunikationssituation verstehen können
- Textmerkmale in ihren Funktionen für Aussage und Wirkung erkennen und verstehen können

Im Umgang mit Texten spielte die Kompetenzvermittlung seit jeher eine Rolle, lief sozusagen als ‚verstecktes' Arbeitsergebnis mit, immer in der Gefahr, sich in der Mittelpunktstellung der Inhaltsvermittlung zu verlieren.
Durch die veränderte Perspektive auf den Lehr-Lern-Vorgang verändert sich auch das Verhältnis von Inhalt und Kompetenz. Das bedeutet zum Beispiel, dass nicht das Verständnis einer bestimmten Textstelle aus dem Roman *Das Schicksal ist ein mieser Verräter* das letztlich entscheidende Ergebnis ist, sondern die Fähigkeiten, Texte zu verstehen und entscheiden zu können, in welchen Lebens- und Berufssituationen dies gefordert ist.

Nur im Zusammenwirken aller Unterrichtsaktivitäten über die Schuljahre hinweg bilden sich die Kompetenzen aus. In einzelnen Einheiten wie der Lektüre und Erarbeitung einer Ganzschrift kann diese Entwicklung zusätzlich unterstützt werden durch Transparentmachen der Vorgehensweise und dem Bereitstellen von entsprechenden Strukturierungshilfen. Zudem sollten die Erfahrungen, die die Lehrperson mit den unterschiedlichen Entwicklungsschritten der Schülerinnen und Schüler im Hinblick auf die Kompetenzen macht, festgehalten werden, um Grundlage für die Weiterarbeit mit folgenden Unterrichtseinheiten sein zu können.

Es wäre auch denkbar, an einer passenden Stelle einen Exkurs einzufügen. Zum Beispiel findet sich auf Seite 7 des Schülerheftes zu dem Abschnitte ‚Hazel in ihrer Welt' in **Aufgabe 3** die Arbeitsanweisung, einen Text mit der Sprechhaltung vorzutragen, die der Haltung des Sprechers zu Textinhalt und Textaussage entspricht. Dieser Auftrag ist dem Teilbereich *Sprechen und Zuhören* zuzurechnen und zielt auf die Fähigkeiten, Sprechbeiträge adäquat produzieren und richtig verstehen zu können.

Diese Fähigkeiten gehören zu den Grundlagen der Kommunikationskompetenz, von denen das Gelingen der Kommunikation im Privat- und Berufsleben abhängt. Falls Unterrichtsplanung und Zeitökonomie es erlauben, können an dieser Stelle weitere Trainingsmöglichkeiten zu diesem Schwerpunkt eingefügt werden.
Um den Bezug zur Lektüre dabei nicht zu verlieren, bietet es sich an, weitere Textstellen herauszusuchen, zum Vortrag vorzubereiten und das Ergebnis am Text abzugleichen. Im besten Fall wird ein Transfer in die Lebensrealität der Schülerinnen und Schüler, d. h. ein Austausch über die Eigenerfahrungen mit Kommunikation, ungefragt mit eingebracht.

Handlungs- und Produktionsorientierung

Nach anfänglichen Schwierigkeiten hat sich der handlungs- und produktionsorientierte Unterricht längst seinen Platz im Unterricht erobert. Nachdem Kritikpunkte wie Beliebigkeit der Aufgaben (keine sinnvolle Abstimmung von Text und

Methode), Vernachlässigung der Eigengesetzlichkeit der Texte (keine Beachtung der Textaussagen und Textstrukturen), Honorierung von Dilettantismus (Beurteilung der Schülerergebnisse) und Verhinderung des historischen Bewusstseins (Bevorzugung moderner Texte und/oder unreflektierter Transfer) ernst genommen wurden und entsprechende Reaktionen darauf erfolgten, haben sich handlungs- und produktionsorientierte Aufgaben als Bereicherung etabliert. Nicht nur die Erweiterung und Variation des Aufgabenrepertoires, sondern vor allem die Möglichkeit, den Schülerinnen und Schülern andere Zugangsmöglichkeiten zu Texten anbieten zu können, und die Erfahrung, dass Analyse und Interpretation davon profitieren, haben zum Erfolg dieser Methode beigetragen, vorausgesetzt, diese wird achtsam und mit Bezug zu den Texten gehandhabt.

Ein weiteres Problem stellt sich bei der Bewertung der Ergebnisse. Traditionelle Beurteilungsraster reichen nicht mehr aus. Im Laufe der Erprobung haben sich die folgenden Vorgehensweisen/Kriterien bewährt:

- Einblick in die Kriterien/gemeinsame Erarbeitung der Kriterien auf der Grundlage des vorangegangenen Unterrichtes
- Textbezug der Lösung
- Zusammenhang der einzelnen Teile des Textes (innere Kohärenz)
- Problemtiefe und Differenziertheit
- Einfallsreichtum (zeigt sich oft im Detail)
- stilistische Gestaltung und Konsequenz

So versuchen das vorliegende Schülerheft und die ergänzenden Aufgaben im Lehrerheft, auch durch handlungs-und produktionsorientierte Aufgabenangebote die Vorstellungskraft und Empathie-Fähigkeit der Rezipienten zu unterstützen, was gerade bei einem Roman wie *Das Schicksal ist ein mieser Verräter* mit seinem Fokus auf Schicksal, Ausgeliefertsein und den Reaktionen der Betroffenen in ihrem Handeln, Fühlen und Denken angebracht erscheint.

Zur Weiterarbeit und Konkretisierung soll die abschließende Auflistung einer Auswahl von Aufgabenmöglichkeiten dienen, die zum Einsatz bei der Arbeit mit epischen Texten geeignet ist:

- Figuren in der Ich-Form vorstellen (Erweiterung: Fragen der Mitschüler an die Figur)
- Interview mit Figuren
- Antworten auf Äußerungen der Figuren verfassen
- Plakate zu Figuren erstellen (Textstellen, Bilder, Fotografien, eigene Texte)
- Briefe von und an Figuren – eventuell mit Antworten der Mitschüler
- Tagebucheinträge von Figuren
- innerer Monolog
- erlebte Rede
- Textstellen aus der Perspektive einer Figur umschreiben
- Handlung, die im Text nur angedeutet ist, ausformulieren
- Vorgeschichte/Fortsetzung schreiben
- während Lektüre an einer Stelle innehalten und selbst fortsetzen
- Text in andere Textsorte oder Textgattung umsetzen
- Buchempfehlungen verfassen
- historische/fachliche Informationen zum Text recherchieren (Plakat/Flyer/Kurz-Rede)
- Informationsplakat zum Autor

Möglichkeiten der Theaterpädagogik

Aufgaben aus der Theaterpädagogik haben sich im Bereich des handlungs- und produktionsorientierten Unterrichtes etabliert. Sie schöpfen aus dem Reservoir des Theaters, das in seinen Kreativ-Möglichkeiten, Texte zu interpretieren, den Deutschunterricht bereichern kann.

Das Spektrum der vermittelten Kompetenzen ist groß:

- Persönlichkeitsbildende Kompetenzen (Ich-Kompetenz: Selbstbewusstsein, Engagement, Identifikation)
- Soziale und kommunikative Kompetenz (Empathie, Kommunikation, Kooperation, Verantwortung, Teamfähigkeit)
- Sach- und Methodenkompetenz (z. B. Analysefähigkeit)
- Ästhetische Kompetenzen (z. B. Rezeptionskompetenz, Entwicklung des sprachlichen Ausdrucks)

So kann man an den beiden hier angebotenen Aufgabenstellungen unschwer erkennen, dass die Lernsituation zahlreiche und unterschiedliche Aspekte umfasst:

- Umgang mit Texten, Textverständnis (Situationen aus dem Roman)
- Sprechhaltung und sprachlicher Ausdruck (Spiel)
- Feedback-Verhalten (Beobachtung/anschließende Reflexion)
- Improvisation (Ausfüllen von Leerstellen/Umsetzen in andere Gattung)
- Konzentration (auf Textvorlage, Umsetzung im Spiel, Reaktion auf Partner)
- Bewusster Einsatz von Körpersprache, Gestik, Mimik und Proxemik
- Zusammenspiel als Paar/Gruppe

Auch durch die im Folgenden aufgelisteten didaktischen Prinzipien, denen die Theaterpädagogik folgt, erfüllt sie Forderungen der Bildungsstandards und trägt zur Ausbildung von Schlüsselkompetenzen bei:

- Ganzheitlichkeit
- Handlungsorientierung
- Prozess- und Produktorientierung
- Schülerorientierung
- Lernen in Gruppen
- produktiver Umgang mit Heterogenität
- individuelles, interesseorientiertes Lernen

Durch ihren Beitrag zur Lern-, Methoden- und Problemlösekompetenz, Medienkompetenz sowie kulturellen Kompetenz leistet die Theaterpädagogik einen wertvollen Beitrag zur Ausbildung von fächerübergreifenden Basiskompetenzen.

Aufgaben-Möglichkeiten, die für den Roman *Das Schicksal ist ein mieser Verräter* zu nutzen wären:

★★★ Hilfs-Ich

Unterstützt, drängt, animiert die Figur – steht hinter der Figur, legt die Hand auf ihre Schulter, wenn sie ihr etwas sagen will – kann tiefere Schichten der Figur aufdecken

Mögliche Aufgabensituation:
Monicas Entscheidungssituation, Isaac zu verlassen oder nicht

Aufgabenformulierung (PA):
Einer/Eine von euch übernimmt die Rolle von Monica, die überlegt, ob sie Isaac verlassen soll oder nicht. Sie versucht, sich alle Punkte vor Augen zu halten, die dafür sprechen, und spricht ihre Gedanken laut aus.
Ein anderer übernimmt die Rolle des sogenannten Hilfs-Ich, das Monica unterstützt, indem es alle Punkte nennt, die gegen eine Trennung sprechen, um eine gut überlegte Entscheidung treffen zu können. Immer wenn es zu Monica spricht, legt es ihr die Hand auf die Schulter.
Das Spiel ist zu Ende, wenn Monica eine Entscheidung getroffen hat.

Nachbereitung:
Es sollte unbedingt eine Nachbesprechung erfolgen, in der vor allem die für die Entscheidung relevanten Punkte herausgearbeitet werden, seien es die Argumente, die Verhaltensweisen oder die Stärke im Spiel. Diese Reflexion trägt dazu bei, dass sprachliche und sprecherische Mittel in den Blick gerückt werden, deren Wirkungsweise in der Realität täglich erfahrbar und durch Transparenz beeinflussbar ist.

Konfrontationsfigur

Im Gegensatz zum Hilfs-Ich nimmt die Konfrontationsfigur die Kontra-Position ein. Sie versucht, die Figur von ihrem Vorhaben abzubringen.
Die beiden Schüler/Schülerinnen, die die Rolle der Textfigur übernommen haben (und sich gegenseitig in ihren Antworten unterstützen) und die übrigen Schüler/Schülerinnen sitzen einander gegenüber. Die Gruppe versucht nun, die Textfigur umzustimmen. Ob es zu einer Verhaltensänderung kommt, entscheidet der Spielverlauf. Die Lehrperson kann als Gruppenmitglied fördernd und strukturierend in das Spiel eingreifen und es auch an einem passenden Punkt beenden.

Mögliche Aufgabensituation:
Hazels Entscheidungssituation, sich auf Gus einzulassen oder nicht

Aufgabenformulierung (PA/GA):

a. Für die Rolle Hazels (PA):
   Sammelt Argumente, die eure Absicht, sich nicht auf Gus einzulassen verständlich und nachvollziehbar machen. Notiert euch eure Ergebnisse stichwortartig. Berücksichtigt die Informationen, die euch der Roman gibt.
b. Für die übrigen Schüler/Schülerinnen (GA):
   Erfindet eine Gegenfigur zu Hazel, die versucht, Hazel umzustimmen. Anschließend sammelt ihr Argumente dafür. Überlegt euch auch Strategien, wie ihr mit Hazel umgehen wollt. Macht euch stichwortartig Notizen.

Nachbereitung:
siehe Hilfs-Ich

Standbild

Standbilder können auf zwei verschiedene Arten entstehen:

1. Während einer szenischen Darstellung kann durch einen Stopp-Ruf das Spiel angehalten werden und die Personen erstarren. Es gibt zwei Möglichkeiten diese Situation zu deuten:
   - Die Spieler sagen, was sie in ihrer Rolle gerade denken.
   - Die Beobachter interpretieren die festgehaltene Situation, was die Haltungen der Figuren und ihre Beziehungen zueinander betrifft.

   Die Reihenfolge kann umgekehrt werden.
2. Es werden zu bestimmten Situationen Standbilder aufgebaut.
   Dazu muss Folgendes beachtet werden:
   - geeigneten Platz im Raum festlegen (eventuell Podeste nutzen)
   - Personen im Raum anordnen
   - Personen wie Puppen in eine Haltung bringen und eine Mimik vorschreiben, eventuell auch vormachen

   Die Deutung erfolgt wie bei 1.

Die Wahl der Situation sollten Lehrpersonen und Klassen selbst treffen, um einem individuellen Unterricht, der Möglichkeit der Mitgestaltung durch die Lerngruppe und räumlichen Verhältnissen Rechnung zu tragen.

Statue

Eine Statue, auch als „Denk-Mal“ bezeichnet, unterscheidet sich vom Standbild dadurch, dass sie keine bestimmten Situationen, sondern wesentliche Themen/Konflikte und Beziehungen veranschaulicht. Auch bei dem Bau der Statue wird mit der Anordnung der Personen im Raum, mit Nähe und Distanz, Höhe und Tiefe und mit Körperhaltung, Gestik und Mimik gearbeitet.
Die Deutung der Statue kann damit beginnen, dass die Betrachter sagen, was sie herauslesen, und danach die „Bauer“ ihre Absicht erklären. Die Interpretation kann auch in umgekehrter Reihenfolge ablaufen. Vorstellbar ist auch, dass am Schluss der Betrachtung der Bau eines gemeinsamen „Denk-Mals“ steht.
Auch die Wahl des Themas einer Statue sollten Lehrpersonen und Klassen aus den oben genannten Gründen selbst treffen.

Lesetheater

Die Methode stammt aus dem Umkreis der Lautlese-Verfahren, die das wiederholte Lesen in einen kreativen Kontext einbettet. Dabei werden literarische Texte/Buchausschnitte in einfache Leseskripts umgewandelt, in denen die Rede der Figuren und des Erzählers in direkter Rede wiedergegeben werden. Zielsetzung ist, die Schüler einer Gruppe durch das wiederholte Lautlesen und den Austausch über mögliche Verbesserungen des Vortrags für eine abschließende Leseaufführung vorzubereiten. Passende Textstellen können von der Lehrperson, den Schülern oder gemeinsam ausgesucht werden.

Für die Umwandlung des Buchtextes in ein Lesetheater-Skript sind folgende Punkte zu beachten:

- Text einteilen in Passagen, die der Erzähler spricht, und Passagen, die im Roman den Figuren zugeordnet sind
- Redebegleitsätze streichen
- Inhalte der Redebegleitsätze, die Aussagen über die Sprechweise, die Gefühle und die Nebenhandlungen der sprechenden Figuren machen, in Regieanweisungen umformulieren
- Möglich: Einsatz passender Geräusche oder Hintergrundmusik

Sprechhaltungen ausdrücken

Die innere Haltung einer Person drückt sich in ihrer Körperhaltung aus. Die Sprache des Körpers zu verstehen, ist bei der Bewertung des Wahrheitsgehaltes einer Aussage eine verlässliche Methode. Die Theaterpädagogik bietet in diesem Zusammenhang Möglichkeiten, sich dem Innenleben der Figuren durch die Sprechhaltung, eine entsprechende Körperhaltung und den unmittelbare Einsatz von sprecherischen und sprachlichen Ausdrucksmitteln zu nähern und die Wirkungen auf die jeweiligen Gesprächspartner zu erproben.

Dabei sind Schwerpunkte zu setzen:

- eine Sprechhaltung, die vor allem durch eine bestimmte Situation verursacht wird
- eine Sprechhaltung, die vor allem im Bezug zu der Person des Adressaten wurzelt
- eine Sprechhaltung, die durch beziehungsspezifische Situationen bedingt ist
- eine medien- oder raumbedingte Sprechhaltung

V. HINWEISE ZU DEN AUFGABEN DES SCHÜLERHEFTES

ANNÄHERUNG

Da schon durch den Klappentext ausreichend darauf hingewiesen wird, dass es im Roman um eine Problem-Thematik geht, ist die **Aufgabe 1** – zwischen den Bildern eine Wahl zu treffen – von allen Schülerinnen und Schülern zu leisten, wenn auch die Entscheidungen mit von dem Detailwissen abhängen werden. Die Zuordnung eines passenden Bildes verlangt Überlegungen, die sich mit

der existentiellen Situation und der Reaktion der Figuren darauf beschäftigen. Damit ist ein erster Zugang zum Text geschaffen.
Auf dieser Grundlage können Fragen beantwortet werden, die sich auf mögliche Interessen am Inhalt und den Figuren und erste Vermutungen, aber auch auf die Lesemotivation beziehen **(Aufgaben 2 und 3)**.

EXPOSITION – Hazel in ihrer Welt

Mit den **Arbeitsaufträgen zu Kapitel 1** setzt die Beschäftigung mit dem Text ein. Aufgrund der Textinformationen bietet es sich an, mit der Ich-Erzählerin, der Protagonistin Hazel, zu beginnen und zusammenzustellen, was der Leser über sie erfährt. Die angesprochenen Bereiche: Situation, Gedanken, Ansichten, Verhalten zeigen schon früh wesentliche Charakteristika der Figur, die in einer tabellarischen Übersicht festgehalten werden sollen. Um den Transfer in die Lebensrealität der Schülerinnen und Schüler zu leisten, scheint ein Vergleich der eigenen Möglichkeiten, sein Leben zu gestalten, mit den Einschränkungen, die Hazel auferlegt sind, passend, zumal gleichzeitig die Empathie-Fähigkeit des Lesers angesprochen wird.

Aufgabe 2 geht ins Detail und verbindet die Frage nach der Einstellung Hazels zur Selbsthilfegruppe mit der Arbeit am Text, einer Grundvoraussetzung für achtsames Lesen.

Eine handlungs- und produktionsorientierte Aufgabe liegt mit der geforderten Vorlese-Leistung vor. Ziel ist einerseits, Leerstellen des Textes zu füllen, indem mögliche Reaktionen der Teilnehmer der Selbsthilfegruppe zusammengestellt werden, andererseits weist diese Aufgabe über die Textbindung hinaus auf die Beziehung zwischen Sprechausdruck, Sprechmotivation und Sprechtext und bezieht den Teilbereich Zuhören und Sprechen mit ein. Ein Gespräch über dieses Phänomen der Kommunikation ist eine gute Möglichkeit, den Transfer zu berücksichtigen.

Aufgabe 4 ist eine Aufgabe, allgemeinere Aussagen durch Textbelege zu konkretisieren und ihren Wahrheitsgehalt abzugleichen. Die Zusammenstellung der Handlungen von Hazels Mutter veranschaulicht, welche Leistung mit der Fürsorglichkeit verbunden ist und in welcher Umsorgtheit Hazel lebt.

EXPOSITION – Veränderungen

Die Veränderungen und damit der Spannungsaufbau und die Entwicklung der Handlung beginnen mit dem Erscheinen der zweiten Hauptfigur: Augustus Waters. Mit seinem Erscheinen ist unmittelbar der Bezug zu Hazel verbunden, was die **Aufgabe 1** sinnvoll macht: das Anstarren des Augustus in den Blick nehmen und die vielschichtige Reaktion Hazels darauf herausarbeiten. Dazu bieten sich die Zitate an, die auf gedankliche und gefühlsmäßige Reaktionen des Mädchens hinweisen und mithilfe der Satzanfänge erläutert werden sollen. Ein zweiter Aufgabenteil beschäftigt sich mit der Perspektive des Augustus, mit den Gründen für sein Interesse an Hazel. In der Arbeitsanweisung soll abschließend der Zusammenhang einer Textstelle mit einem Bild erläutert werden, wobei die Erläuterung ein Verständnis der Textstelle voraussetzt, das nicht im wörtlichen Bereich steckenbleibt, sondern die Bedeutung, die diese Aussage für das Verhalten Hazels und ihre Zurückgezogenheit haben kann, in den Blick nimmt.

Da schon in Kapitel 1 die Probleme zur Sprache kommen, die die beiden Protagonisten sehr belasten, sollen sie durch die **Aufgabe 2** die notwendige Aufmerksamkeit erhalten.

Aufgabe 3 schließt als Wahlangebot diese Erarbeitungseinheit ab.

Die **Inhaltszusammenfassung** verlangt Kenntnisse der sprachlichen Merkmale dieser Textform und eine entsprechende Gliederungs- und Formulierungsfähigkeit.

Die **Erzählung aus der Perspektive des Augustus Waters** setzt die Fähigkeit voraus, mit Leerstellen umzugehen, die Ereignisse aus einer anderen Perspektive zu sehen und verlangt, die Merkmale eines erzählenden Textes zu berücksichtigen.

Vermutungen über die weitere Romanhandlung anzustellen, ist für Schülerinnen und Schüler sinnvoll, die das Buch noch nicht kennen. Es ist eine Aufgabe, die auf Vorstellungskraft setzt, die jedoch von einem Blick für das zum Thema Passende kontrolliert werden muss.

Da es sich bei Kapitel 1 um eine Exposition handelt, bietet sich eine Beschäftigung mit formalen Merkmalen an. Die Informationen über die Exposition sollen am konkreten Beispiel belegt werden. Das bedeutet Kenntnis und Anwendung formalen Wissens.

Der **innere Monolog** ist eine Form des Gestaltenden Schreibens. Er verlangt den Bezug zum Text und verbindet die Fähigkeit zur sprachlichen Gestaltung dieser Textform mit dem Wissen um die relevanten Inhalte.

Es ist unschwer zu erkennen, dass sich die Aufgaben, sowohl was ihre formalen und inhaltlichen Anforderungen betrifft als auch durch ihren Schwierigkeitsgrad unterscheiden. So tragen sie zu einer vielschichtigen Differenzierung bei.

AUSGELIEFERT SEIN

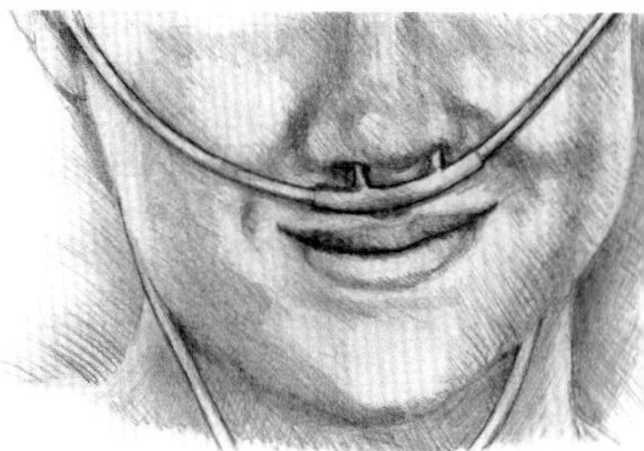

Um die Situation des Ausgeliefertseins zu konkretisieren, sollen Textstellen, die Informationen über Schmerz und Behandlungsfolgen geben, mithilfe von Seitenangaben in eine Tabelle geschrieben werden. Diese **Aufgabe 1** dient der Veranschaulichung und soll einem Überlesen vorbeugen, das zu einem verkürzten Verständnis des Textes führen könnte.

Aufgabe 2 erweitert anhand von Arbeit mit dem Text die Konfrontation des Lesers mit den Belastungen, denen die Kranken ausgesetzt sind, durch die Erkenntnis, mit welchen Gefühlen die Betroffenen zu kämpfen haben.

In diesen Zusammenhang gehört auch das Problem des Augustus Waters, das besonders deutlich in Erscheinung tritt, was durch entsprechende Textstellen zu belegen ist **(Aufgabe 3)**. So wird das Verstehen des Ausmaßes des Problems erleichtert und möglicherweise eine Stellungnahme dazu angeregt.

Aufgabe 4 stellt einen Bezug zu einem anderen literarischen Werk her, das auf eine vergleichbare Situation eine andere Antwort hat. Dadurch wird die Reaktion von Gus in einen Zusammenhang gestellt, der verdeutlicht, dass der Mensch die Entscheidungsfreiheit hat, wie er mit einer Situation umgeht. Um die Schülerinnen und Schüler in diesen Entscheidungsprozess gedanklich mit einzubeziehen, sollen sie ein momentanes Verständnis für die unterschiedlichen Reaktionsweisen zum Ausdruck bringen.

Theologen, Psychologen und Psychoanalytiker haben Methoden entwickelt, wie man mit Schicksalsschlägen umzugehen lernt. Vielfach beachtet ist die Einteilung der Reaktion in Trauerphasen, die der **Aufgabe 5** als Information vorangestellt ist. Eine Zuordnung einer dieser Phasen zu den Figuren Hazel, Gus und Isaac setzt einerseits ein Verständnis der Informationen und andererseits eine interpretative Entscheidung voraus. Anzuraten ist an dieser Stelle eine Diskussion über die Brauchbarkeit dieser Einteilung, angebunden an Erfahrungen des Verlustes, ob durch Trennung oder Tod einer nahestehenden Person. Erfahrungsgemäß besonders motivierend wirken die Themen: Liebeskummer oder Tod eines geliebten Tieres. Es wäre bedauerlich, diesen Transfer in die Lebensrealität nicht anzuregen, da er Hilfen bieten kann. Im Internet finden sich zahlreiche weitere Informationen (Suchwort: Trauerphasen).

Aufgabe 6 schließt den Teil AUSGELIEFERT SEIN ab mit einer umfangreichen Gestaltenden Aufgabe, einer Reihe von Tagebucheinträgen, die durch eine große Anzahl von Textinformationen gestützt werden müssen. Das erfordert ein Überblickswissen, auch wenn die Seitenangaben eine Hilfestellung geben, denn die Strukturierung der Inhalte ist gebunden an die Figur Hazel, ihre Gedanken, Gefühle und Absichten. Zudem sollen die Merkmale der Textform in der Produktion Beachtung finden. Eine Gruppenarbeit wäre denkbar.

BEWÄLTIGUNGSVERSUCHE – Rückzug und Distanz

Damit ist auf eine mögliche Reaktion hingewiesen. Mit **Aufgabe 1** werden die Schülerinnen und Schüler angesprochen, wenn sie eigenes oder beobachtetes Verhalten verbalisieren sollen, das auf belastende Situationen erfolgen kann.

Aufgabe 2b erweitert die Verhaltensmöglichkeiten durch Informationen aus dem Text. Eine auffällige Umgangsform mit ihrer Situation zeigen Hazel und Gus durch ironischen Schlagabtausch. Da mit Schwierigkeiten des Verständnisses von Ironie zu rechnen ist, sollen zunächst ironische Formulierungen herausgesucht, also erkannt und in einem zweiten Schritt erläutert, d. h. ihr Verstehen nachgewiesen, werden. **Aufgabe 2c** macht darauf aufmerksam, dass Ironie auch in Mimik und Gestik zum Ausdruck kommen kann, und fordert auf, diese non-verbalen Signale in Sprache umzusetzen, was die Möglichkeiten, mit Leerstellen umzugehen, erweitert.

Ein oft benutzter Begriff ist der Neologismus *Wunscherfüllungsmaschine.* So ist es sinnvoll, ihm eine eigene Aufgabe **(Aufgabe 2d)** zuzuteilen, zumal damit unterschiedliche Situationen und Wirkungen des Ausdrucks mit in den Blick geraten und zu einem immer umfassender werdenden Bild der Welt und Beziehung von Hazel und Gus beitragen.

BEWÄLTIGUNGSVERSUCHE – Aufmerksamkeit und Empathie

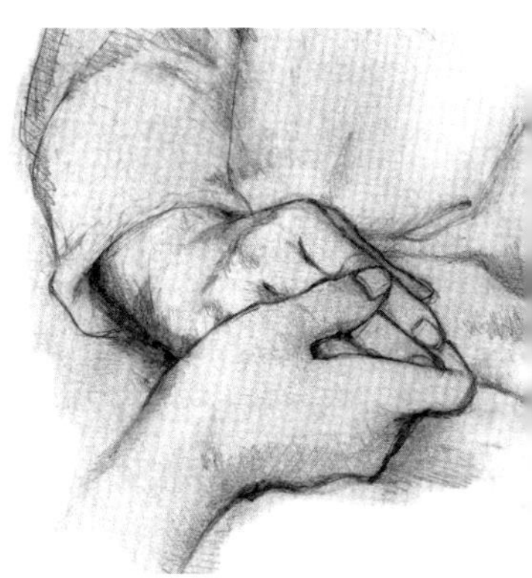

Waren in den vorhergehenden Bearbeitungsteilen fast ausschließlich die Protagonisten Hazel, Gus und stellenweise auch Isaac die Träger der Arbeitsanweisungen, so kommen nun die Mitbetroffenen hinzu, die das Leben ihrer Kinder begleiten.

Aufgabe 1a listet mithilfe von Textstellen die vielen unterschiedlichen Handlungen auf, die von kreativem Umgang mit Feiertagen bis zu einfühlsamen Gesprächen reichen, mit denen Hazels Eltern versuchen, ihr das Leben zu erleichtern. **Aufgabe 1b** bietet durch ihre handlungs- und produktionsorientierte Ausrichtung und die Orientierung an der Form des Elfchens einen anderen Zugang zum Thema.

Die „Ermutigungen", die im Elternhaus von Gus an der Wand hängen, geben dem Jungen Anlass zu Spötteleien, können aber auch als versuchte Hilfestellungen in der Situation verstanden werden. Daher wird in einer Wahlaufgabe **(Aufgabe 2)** angeboten, sich für das Formulieren einer eigenen „Ermutigung" zu entscheiden oder eine Meinungsäußerung über ihre Wirksamkeit abzugeben. So kann jede Schülerin/jeder Schüler sich seiner Einstellung gemäß entscheiden.

Das Zusammenleben mit den Belastungen für Kranke und mitbetroffene Familienmitglieder führt manchmal zu Konflikten, in denen die Sorgen der Eltern auf die Bedürfnisse der Kinder treffen. Dem ist in **Aufgabe 3** Rechnung getragen. Es wird der Lerngruppe nicht schwer fallen, zu entscheiden, wer in der jeweiligen Situation Recht hat. Entweder sie übernehmen in einer Identifikationshaltung die Position der Jugendlichen oder sie bedenken aus einer distanzierten Perspektive beide Standpunkte. Es gibt kein Richtig oder Falsch, nur einen Abgleich von Meinungen.

Nicht nur die Mitbetroffenen leisten Beistand, sondern auch die kranken Jugendlichen geben sich untereinander Hilfe, was am Beispiel Gus und Isaac zu sehen ist. Ob Gus mit Isaac in die Selbsthilfegruppe geht, ihn in seinem Aggressionsausbruch unterstützt, ihn im Krankenhaus nicht allein lässt oder einen Rachefeldzug für ihn organisiert, immer steht er Isaac zur Seite. Für die Bearbeitung der **Aufgabe 4a** müssen diese Handlungen ins Gedächtnis gerufen werden, bevor eine individuelle Entscheidung getroffen und begründet werden kann. So verbindet sich hier Textkenntnis mit individuellen Beurteilungen, die – wenn sie nachvollziehbar begründet sind – nicht falsch sein können und Respekt verdienen. **Aufgabe 4b** spricht die kreative Seite der Schülerinnen und Schüler auf zwei verschiedene Weisen an. Einen Rap zu schreiben zielt auf die kreative Schreibkompetenz, einen Nachmittag mit Isaac zu gestalten erfordert Ideen im Bereich des Alltags. Beide Aufgaben stehen im Zusammenhang mit den Textinformationen, die eine als Veranschaulichung einer Situation, die andere als Beschäftigung mit den Handlungsmöglichkeiten der Figur.

Um der Gefahr aus dem Weg zu gehen, die Handlungsweise von Monica, die ihren Freund Isaac vor der Operation verlassen hat, unreflektiert zu verurteilen, beschäftigt sich **Aufgabe 5** mit diesem Problem. Hierzu wird die PMI-Methode angeboten, die es ermöglicht, Pro und Kontra zu bedenken, eventuell auftauchende weitere Fragen zu berücksichtigen und erst danach ein Fazit zu ziehen. Diese Methode eignet sich erfahrungsgemäß gut für alle Arbeitsanweisungen, die eine begründete Stellungnahme erfordern.

Aufgabe 6 hat noch einmal die Selbsthilfegruppe zum Thema. Mithilfe eines Informationstextes über solche Gruppen bekommt die Aufgabenstellung eine Grundlage, die über die Meinungen der Protagonisten hinausgeht. Dadurch wird es möglich, der Gruppe Funktionen zuzusprechen, die hilfreich sein können und die auch durch Textstellen im Roman gestützt werden.

BEWÄLTIGUNGSVERSUCHE – Reale und fiktive Welt

Literatur spielt eine wesentliche Rolle im Roman, vor allem *Ein herrschaftliches Leiden* des fiktiven Autors Peter van Houten. Hazel hat eine differenzierte Vorstellung von der Wirkung der Literatur, mit der sich **Aufgabe 1a** vorbereitend beschäftigt. **Aufgabe 1b** gleicht Hazels Ansicht mit den Erwartungen der Schülerinnen und Schüler ab. Da nicht vorausgesetzt werden kann, dass alle darüber nachgedacht haben, wird eine Liste mit Möglichkeiten zur Auswahl angeboten, die auch Raum für eigene Vorschläge lässt. Ziel dieser Aufgabe ist, dass eine Reflektion über das eigene Leseverhalten angeregt wird.

Hazels Vorliebe für *Ein herrschaftliches Leiden* hat mit ihrem Schicksal und ihrer Reaktion darauf zu tun und gehört als wesentliches Merkmal zu ihrer Person. Daher ist es folgerichtig, sich mit dieser Vorliebe zu beschäftigen und so das Verständnis für diese Figur zu vertiefen. Das geschieht mit der Frage nach den Gründen für Hazels Vorliebe **(Aufgabe 2a)**. Das Problem, das Hazel mit der Unabgeschlossenheit des Romans hat, verweist auf die zentrale Problematik, nach ihrem Tod ein gutes Weiterleben der Hinterbliebenen sicher zu wissen. Mit dieser Antwort auf die Frage der **Aufgabe 2b** wird eine wesentliche Aussage zur Protagonistin festgehalten.

Diese Problematik Hazels macht verständlich, warum die Auseinandersetzung Hazels mit dem Autor Peter van Houten über eine Fortsetzung des Romans eine existentielle Bedeutung für die Ich-Erzählerin hat. Um diese Auseinandersetzung detailliert nachzuvollziehen und zu verstehen, sollen die Schülerinnen und Schüler mittels einer Tabelle die vorgegebenen Situationsangaben mit zugehörigen Textstellen erläutern.

Aufgabe 4 fasst mit den Antworten auf die gestellten Fragen die Ergebnisse knapp zusammen und dokumentiert in diesem Zusammenhang die Fähigkeit zur Empathie, die für Hazel charakterisierend ist.

Aufgabe 5 vergleicht die unterschiedlichen Einstellungen zu Literatur, die Hazel und Peter van Houten haben und die zur Beschreibung der Figuren einen weiteren Aspekt hinzufügen.

Abschließend werden zwei Aufgaben zur Wahl gestellt **(Aufgabe 6)**. Der Begriff „Unendlichkeit", ein im Roman im Zusammenhang mit Glauben, Leben, Sterben und Weiterleben diskutierter Begriff, kann handlungs- und produktionsorientiert durch eine bildliche Vorstellung oder mehr analytisch durch die Zuordnung eines Schaubildes verdeutlicht werden. Diese unterschiedlichen Zugänge berücksichtigen individuelle Fähigkeiten und Vorlieben.

BEWÄLTIGUNGSVERSUCHE – Ungewissheit und Glauben

Vorbereitet durch den Blick auf den Begriff „Unendlichkeit" thematisiert die folgende Erarbeitungseinheit die Problematik von Ungewissheit und Glauben. Die Ansichten Hazels distanzieren sich von den Angeboten der christlichen Konfessionen. Damit beschäftigt sich die **Aufgabe 1,** fordert eine Textproduktion, mit der durch die Wiedergabe in eigenen Formulierungen das Verständnis der Ausführungen Hazels nachgewiesen werden soll. Die Beziehungen oder Nicht-Beziehungen dieser Ansichten zu den Weltreligionen werden mithilfe von entsprechenden Informationen festgestellt und können so auch mit den Glaubenseinstellungen der Schülerinnen und Schüler verglichen werden. Dass eine existentielle Erfahrung wie der Tod ihrer Liebe Augustus Waters eine Haltung zu den letzten Fragen beeinflussen kann und in welcher Weise sie es im Roman tut, belegt die Textstelle **(Aufgabe 1c)**, die zu erläutern ist. Auch hier wird das Verständnis durch eigene Formulierungen nachgewiesen.

Im Roman gibt es Figuren, die eher den christlichen Glaubensvorstellungen zu entsprechen scheinen: Gus' Vater und Patrick, der Leiter der Selbsthilfegruppe. **Aufgabe 2** lässt Textbelege dazu heraussuchen, was zugleich eine Übung zum achtsamen Lesen ist, da diese Stellen eher überlesen werden.

Aufgabe 3 stellt den Transfer zur Lebensrealität der Lerngruppe her und fordert zur Reflektion über die Wirksamkeit des Glaubens auf, die zu einer begründeten Entscheidung führen soll.

Eine Beziehung zu einem anderen literarischen Text, der sich mit dem Sterben von jungen Menschen auseinandersetzt, schließt diesen Erarbeitungsteil mit einer Theodizee-Frage und einer Liste von möglichen Antworten ab. Aus einer fundierten Figurenkenntnis heraus sollen die Schülerinnen und Schüler Antworten ankreuzen, die Hazel und Gus geben würden **(Aufgabe 4a)** und als Transfer auf ihre eigene Lebensrealität können sie entscheiden, ob sie selbst sich für eine der angebotenen Antworten entscheiden oder eine eigene Lösung hinzufügen würden.

NEBENWIRKUNGEN DES STERBENS – Eine Zeitbombe sein

Auch in diesen Zusammenhang gehört die Problematik, eine *Zeitbombe* zu sein, die in **Aufgabe 1** mittels eines Zitates festgehalten wird. Weitere Nebenwirkungen des Sterbens kommen in **Aufgabe 2a** zu Wort: die Sorge, noch weiter leben zu dürfen und die Sorge, möglichst wenige zu Mitbetroffenen zu machen. Beides soll aus entsprechenden Textstellen herausgelesen werden. Eine besondere Veranschaulichung von Textverständnis macht die **Aufgabe 2b** möglich. Durch Farben und Schriftarten und -größen ist es erfahrungsgemäß gut möglich, individuelles Textverständnis zu verdeutlichen. Zudem motiviert das Angebot, den Computer zu nutzen.

Aufgabe 2c nähert sich noch einmal dem Zeitbombenproblem von einer anderen Seite. Nicht nur die eigenen Überlegungen und Gefühle bewirken die Belastung, sondern auch das Verhalten der Mitbetroffenen. Es ist Lebensrealität, dass im Zusammenleben einer Schicksalsgemeinschaft Situationen nicht vermieden werden können, die ohne bewusst zielgerichtetes Handeln der Personen zu Verstärkung der Belastungen führen können. Das soll durch diese Aufgabe verdeutlicht werden.

Aber ebenso können Gespräche zur Auflösung von Missverständnissen und/oder Erleichterungen beitragen. Das lässt sich an einem Gespräch zwischen Hazel und ihren Eltern zeigen und in einer Beschreibung dieses Gespräches und seinen Folgen festhalten **(Aufgabe 3b/c)**.

Aufgabe 4 bezieht die Schülerinnen und Schüler in die Handlung ein, macht sie zu Mitspielenden, die Einfluss nehmen wollen. Je nach Grad der Identifizierung und Empathie werden die Texte der E-Mails das Engagement der Schreiber widerspiegeln, was ein guter Anlass zu einer Diskussion über angemessene Verantwortungsübernahme wäre.

Diese Thematik wird in der nächsten **Aufgabe 5** weitergeführt und mittels eines Gedichtes auf die Beziehung von Hazel und Gus übertragen. Mitgedacht wird hier sicher die eigene Einstellung zur Gedichtaussage, auch ein Diskussionsanlass.

NEBENWIRKUNGEN DES STERBENS – Vergessen-Werden

Auch das Problem von Gus wird erneut und detaillierter wieder aufgenommen. Zunächst wird **(Aufgabe 1a)** Hazels Antwort, die sie Gus in der Sitzung der Selbsthilfegruppe gegeben hat, mit eigenen Worten wiedergegeben und so ins Gedächtnis gerufen. Anschließend wird der Lerngruppe das Wort erteilt, die individuelle eigene Rückmeldungen an Gus zu geben hat **(Aufgabe 1b)**. Durch die Beziehung zwischen Romanfigur und Leser, die auf diese Weise hergestellt ist, werden eigene Standpunkte in eine Kommunikationssituation eingebettet.

Die Bedeutung des Films *Vendetta*, der nicht willkürlich als Gus' Lieblingsfilm genannt wird, sollte verdeutlicht werden, zeigt dieser Kunstgriff doch auch die schriftstellerischen Fähigkeiten des Autors und verweist auf die Möglichkeiten, die der Literatur zur Verfügung stehen. Gleiches gilt für die Computer-Spiel-Figur Max Mayhem. **Aufgabe 2** leistet diese Verdeutlichung durch die Erläuterung des Zusammenhanges mit dem Problem des Vergessens.

Auch Konflikte mit Hazel entstehen durch die Haltung Gus' zum Vergessen-Werden. Damit setzen sich die **Aufgaben 3 und 4** auseinander. In **Aufgabe 3** soll der Ansicht von Gus ein passendes Adjektiv zugeordnet werden, **Aufgabe 4a** lässt die Haltungen von Gus und Hazel zu diesem Problem einander gegenüberstellen und macht so den Konflikt deutlich, und **Aufgabe 4b** fordert zu einer Stellungnahme zu diesen Standpunkten der Figuren auf. Durch den Hinweis auf die E-Mail von Gus an van Houten werden die Meinungsäußerungen mit dem Text verbunden.

Aufgabe 5 stellt ein Zitat aus einer Rede zur Verfügung, das eine allgemein wahrzunehmende Einstellung des Menschen beinhaltet, die an der Einstellung des Protagonisten Gus abgeglichen werden soll. Damit ist die Problematik dieser Figur in einen Zusammenhang gestellt, der über den Roman hinausweist.

NÄHE ZULASSEN – Hazel und Gus

Um die Entwicklung der Beziehung unkompliziert zusammenfassen zu können, stellt **Aufgabe 1** Stichwortzettel zur Verfügung, die zu einem Text umgearbeitet werden sollen. Da die Er-Perspektive gefordert ist, wird die Möglichkeit wörtlicher Textübernahmen vermieden. Damit ist der erste Teil der Entwicklung der Beziehung geleistet.

Den zweiten Teil leistet die Bearbeitung der **Aufgabe 2.** Stichwortartig ist die Entwicklung im Schaubild der konzentrischen Kreise notiert **(Aufgabe 2a)**, was der Zeitökonomie Rechnung trägt. Dazu sollen jeweils passende Textstellen in die leeren Kreise eingetragen werden **(Aufgabe 2b)**. Diese Arbeit am Text ermöglicht ein Wiederholen der einzelnen Stationen durch überfliegendes Lesen. Die Farbauswahl für die einzelnen Entwicklungsstufen bietet einen Textzugang, der eher von Assoziationen und Gefühlen geprägt ist.

Eine sorgfältige Auseinandersetzung mit dem Roman darf Situationen nicht aussparen, die an die Belastungsgrenzen auch des empathischen Lesers reichen. So stellt sich **Aufgabe 3a** dem „Sauerstoffmangelschmerz" von Hazel, mildert aber durch die Aufgabenstellung die Veranschaulichung der belastenden Situation insofern ab, als ein Plakat von Amsterdam gefordert wird, das Hazel Freude bringen soll. Den Schülerinnen und Schülern bringt es die Bilder des Zaubers der Amsterdam-Reise. Ausgeliefertsein in schlimmster Form mutet der Autor in der Szene an der Tankstelle dem Leser zu. Nur mühsam findet Hazel mit den Worten des Gedichtes und ihrer eigenen Fortsetzung einen Punkt des Halts in einer in jeder Form überfordernden Situation. Durch die Konzentration, selbst das Gedicht weiterzuführen, übernimmt auch der mitfühlende Leser diese Stütze **(Aufgabe 3b)**.

Wiederholenden und vorbereitenden Charakter hat **Aufgabe 4** mit der Beschreibung eines Beispiels von Rückzug ebenso wie **Aufgabe 5a/b** mit Angaben und Erläuterungen von Belegen für die Kommunikationsebenen von Hazel und Gus.

Vertieft wird diese Beschäftigung mit der Sprache in **Aufgabe 5c,** die durch die Vervollständigung der Tabelle mit Situationsangaben zu den angegebenen Zitaten und dem Nennen der Bezeichnungen der sprachlichen Gestaltungsmittel einen Überblick über die sprachlichen Merkmale bietet. **Aufgabe 5d** nimmt die Metapher in den Blick, die für Gus eine besondere Bedeutung hat. Diese Bedeutung soll anhand der Textstellen erläutert werden.

Die **Wahlaufgabe 5e** greift das Wortspiel mit dem Adverb und Adjektiv buchstäblich heraus und stellt eine zur Differenzierung beitragende hohe Anforderung an die Lerngruppe. Daher scheint sie eher als Wahlaufgabe geeignet.

Die Rolle, die Literatur für Hazel und Gus spielt, ist im Zusammenhang mit ihrer Beziehung zu sehen. Einerseits treffen sie sich in ihrer Fähigkeit, sich durch Zitate verständlich zu machen, andererseits lernen sie sich dadurch auch näher kennen, denn sie entdecken ihre Interessen für bestimmte Themen und Werke, ein Schritt zur Entwicklung von Nähe. Damit beschäftigt sich **Aufgabe 6.**

Größere Nähe entsteht durch die Aufmerksamkeit füreinander. So erkennt Gus, dass es für Hazel von existentieller Wichtigkeit ist, von Peter van Houten eine Fortsetzung des Romans zu bekommen, und er schenkt ihr seinen Wunsch. Dieses Verhalten sollen die Schülerinnen und Schüler in **Aufgabe 7a** in einem Text festhalten. Auch in der Situation, als Hazel in traurigen Erinnerungen an die Schaukel ihrer Kindheit gefangen ist, weiß Gus eine Lösung. Da sich diese Begebenheit gut für eine Veröffentlichung eignet, stellt **7b** die Aufgabe, einen Zeitungsbericht darüber zu verfassen.

Die Fürsorge und der Respekt, den Hazel Gus gegenüber zeigt, wird am deutlichsten in den letzten Wochen vor dem Tod des Jungen. Das soll in einem Text zusammengefasst und so veranschaulicht werden.

Eine Geschichte, die achtsam erzählt wird, wie es im Roman *Das Schicksal ist ein mieser Verräter* geschieht, spart auch in den fürsorglichsten Augenblicken nicht die Konflikte aus, die vorhanden sind, da dies zu einem respektvollen Umgang miteinander gehört. Der Partner wird sonst nicht ernst genommen. Hazel weicht nicht von ihrem Standpunkt ab, dass sie den Wunsch von Gus, der Nachwelt etwas Besonderes zu hinterlassen und in der Nachwelt nicht vergessen zu werden, unangebracht findet und dass es sie verletzt, Gus nicht zu genügen. Dazu soll zunächst ein zweiter Textbeleg herausgeschrieben werden **(Aufgabe 8a)**. Darauf aufbauend stellt **8b** die Aufgabe, in einem Haiku die Gefühle Hazels zu verbalisieren, die zu dieser Konfliktsituation gehören.

Wesentlicher ist die gelebte Nähe der beiden jungen Menschen. Zusammen lassen sie sich auf das Leben ein, das in Amsterdam seinen eindrucksvollsten Ausdruck findet. Dazu sind im Text Passagen sprachlicher Schönheit zu finden, die nicht überlesen werden sollten. Die **Aufgabe 9,** jeweils eine Überschrift zu formulieren, setzt genaues Lesen dieser Passagen voraus.

Die letzten Sätze des Romans entlassen den Leser in eine individuelle gedankliche und gefühlsmäßige Reaktion. Sich diese bewusst zu machen, ermöglicht **Aufgabe 10**, eine Wahlaufgabe, durch die Auswahl eines Bildes, das den Gedanken und Gefühlen des Lesers am besten gerecht wird.

Die Gegenüberstellung von *okay* und *für immer* als Charakterisierung der Beziehungen deutet an, dass die Wunschvorstellung von der „Ewigkeit" einer Beziehung im Roman nicht unterstützt wird. Damit können sich die Schülerinnen und Schüler in **Aufgabe 11** auseinandersetzen und ihre Meinungen gegebenenfalls in einem Unterrichtsgespräch diskutieren.

Mithilfe von formulierten Schlussfolgerungen zur Veränderung des Lebens der beiden Protagonisten kann sich die Lerngruppe in **Aufgabe 12** einen in einer Mindmap festgehaltenen Überblick darüber verschaffen, wie bestimmend ihre Liebe für ihr Leben geworden ist.

NÄHE ZULASSEN – Lebensmut und Hoffnung

Ein sogenanntes Mantra der Selbsthilfegruppe: UNSER BESTES LEBEN HEUTE LEBEN bewahrheitet sich im Handlungsverlauf durch die Liebe von Hazel und Gus und trägt dazu bei, dass der Begriff „Hoffnung" im Zusammenhang mit den Geschehnissen seinen Platz bekommt.

Ausgehend von der Veranschaulichung der Beeinträchtigungen, die Hazel und Gus **(Aufgabe 1)** haben, führt **Aufgabe 2** zu den positiven Veränderungen des Alltags durch ihre Gemeinsamkeit, die aus der Perspektive der beiden Figuren erzählt werden sollen.

Aufgabe 3 lässt die Hoffnungsbotschaften aus den angeführten Textstellen herauslesen und zeigt damit, dass es auch auf die Fähigkeit ankommt, das Mögliche zu genießen.

Mit diesen Gedanken zur Hoffnung und zwei weiteren Textstellen zum Thema im Hintergrund wird in **Aufgabe 4** die Frage gestellt, ob der Titel des Romans im Widerspruch zu der gelebten Liebe der Protagonisten steht. Die individuellen, von den jeweiligen Schülerpersönlichkeiten geprägten Antworten mit ihren Begründungen bieten eine gute Gelegenheit zu einem Gespräch über den Roman.

In diesen Zusammenhang gehört auch **Aufgabe 5a,** die sich – im Vergleich mit dem englischen Originaltitel – mit der Kritik an der deutschen Übersetzung befasst. Die Schülerinnen und Schüler sind nach ihrer Meinung zu dieser Kritik gefragt, was weitere Überlegungen zum Roman nach sich zieht. Vertieft und unterstützt wird die **Aufgabe 5a** durch **5b,** die auf eine mehr assoziative Reaktion auf die beiden Titel zielt. Die Aufforderung, einen eigenen Titel zu formulieren **(5c)**, baut auf den vorhergehenden Überlegungen auf. Die **Wahlaufgabe 5d** stellt den Bezug zur Verfilmung her und trägt dem Interesse der Jugendlichen für die Musikkultur Rechnung.

DAS MOTTO DES LEBENS

Die äußerst schwer zu verstehenden Zeilen des Mottos, das dem Roman vorangestellt ist, können nicht vernachlässigt werden, machen sie doch eine für den Text wesentliche Aussage. **Aufgabe 1a/b** versuchen, das Verstehen des Mottos zu erleichtern durch die Wahl von passenden Synonymen für die Verben und Erläuterungen zu den Nomen.

Aufgabe 2 bietet eine Reihe von Zitaten zum Thema an, die aus anderen Werken stammen. Die Möglichkeit, eines dieser Zitate an die Stelle des Mottos zu setzen, motiviert zur individuellen Beurteilung der Romanbotschaft.

KRITIK (Leserkommentare)

Da es unzählige Rezensionen und Beiträge im Internet gibt, bietet es sich an, auch in diesem Schülerheft das Verfassen eines Kommentars zu fordern. Das geschieht in der Kommunikationssituation mit fiktiven Schülerkommentaren, auf die jeweils geantwortet werden soll.

WAS KANNST DU IN DEIN LEBEN MITNEHMEN? (Zitate)

Im Zusammenhang mit den Beiträgen in Internetblogs und Rezensionen wird immer wieder darauf hingewiesen, wie wichtig den Leserinnen und Lesern das Zitieren von Textstellen ist. Es gibt sogar Listen mit Lieblingszitaten. So bietet das Schaubild an, von einer Auswahl von Zitaten zu dem Lieblingszitat zu kommen, das dann durch die Beschreibung der Bedeutung dieses Zitates für das Leben in die Realität übertragen wird.

HINWEISE

Dieser Heftteil enthält das Schülerheft ergänzende Themen und dazugehörende Materialien als Kopiervorlagen. Zunächst werden diese auf den folgenden Seiten vorgestellt.
Die Materialien sind mit ***M*** und ihrer Seitenangabe gekennzeichnet, z. B. ***M 28***.
Die Materialien folgen in Form von Kopiervorlagen auf den Seiten 27–35.

I. Gesamtwiederholung *M 27–28*

Inhaltszusammenfassung

a) Lückentext (mit und ohne Wörterkasten)

Der Lückentext der Inhaltszusammenfassung kann zur Überprüfung eingesetzt werden und/oder der Lerngruppe als Wiederholungsgrundlage dienen.

b) Stichwörter zuordnen und ausformulieren

Eine zweite, im Schwierigkeitsgrad differenzierte Möglichkeit, den Inhalt zu wiederholen, bietet die Zuordnung und Ausformulierung der Stichwortangaben, da Eigenformulierung gefordert ist und somit eine doppelte Konzentration: auf den Inhalt und die Formulierungen.

II. Thematische Aspekte *M 29–30*

a) Struktur-Lege-Technik

Diese Methode setzt auf Sichtbarmachen/Testen des eigenen Wissens. Es werden Kärtchen mit Begriffen, die Themenbereiche des Romans betreffen und von der Lehrperson vorbereitet worden sind, als Grundbestandteil eines semantischen Netzwerkes auf die Tische gelegt (Partner- oder Gruppenarbeit).
Die Arbeit beginnt mit einer Sortieraufgabe: Die Kärtchen werden geordnet nach Erklärungen/Beschreibungen, die sofort gegeben werden können, und solchen, für die man sich die Informationen aus seinen Unterlagen heraussuchen muss.
Anschließend werden die Kärtchen in eine Struktur gebracht, die die Themen des Romans transparent macht. Dabei kann jedes Paar/jede Gruppe eine eigene Hierarchie in der Anordnung erarbeiten, d.h. eine Reihenfolge und Zusammenstellung der Begriffe, die der jeweiligen Bedeutungszumessung Rechnung trägt. Zur Verdeutlichung können Erklärungen hinzugeschrieben und Pfeile angebracht werden.
Die Kärtchen werden in der erarbeiteten Struktur auf ein Plakat geklebt, was dann im Plenum erläutert wird.
Eine abschließende Diskussion bietet sich an, vor allem wenn aus den unterschiedlichen Strukturen eine Vielfalt von Ansichten zu erkennen ist.
Vorlagen für die Kärtchen befinden sich auf der Seite 29. Diese Vorschläge für die Begriffskärtchen sind eine Grundlage für die individuelle Auswahl durch die Lehrperson. Es empfiehlt sich, nicht mehr als 10–15 Kärtchen zu nutzen, da sich sonst eine für die Lerngruppe zu komplizierte Struktur ergeben könnte.

b) Jeopardy

Mit dieser Methode wird die Verantwortung für die Bearbeitungsschwerpunkte in die Hände der Schüler gegeben. In Gruppenarbeit formulieren sie selbst Fragen und Antworten zum Text, schreiben sie auf verschiedenfarbige Kärtchen und tauschen sie mit einer anderen Gruppe aus. Es geht dann darum, den Antworten bzw. Aussagen die richtigen Fragen zuzuordnen. Eine andere Spielform mit den hergestellten Kärtchen ist das Memory.

c) Zielfindungsmethode

Die Nutzung dieser Methode stellt hohe Anforderungen an die Lerngruppe.
Die Aufgabe wird in Gruppenarbeit angeboten. Zunächst sollen die Schüler in Einzelarbeit acht persönliche Aussagen zum Text einzeln auf acht Zettel schreiben und sich anschließend die drei wichtigsten heraussuchen.

Die restlichen fünf Aussagen werden an den Nachbarn weitergegeben (Uhrzeigersinn). Jeder Schüler hat dann wieder acht Aussagen. Er sucht wieder drei aus und gibt fünf weiter. Die Gruppe muss einmal komplett durch sein.
Zum Schluss hat jeder Schüler drei Aussagen. Nach einer Gruppendiskussion werden drei Aussagen gewählt, die im Plenum vorgestellt und begründet werden. An die Präsentation kann sich ein Gespräch im Plenum anschließen.

d) Placemat

Bei der Placemat-Methode handelt es sich um ein Verfahren, bei dem – unter Nutzung einer grafischen Struktur – kooperative Arbeitsabläufe strukturiert und Arbeitsresultate verschiedener Personen zusammengeführt werden. Damit liefert sie die Möglichkeit, sowohl individuelle Arbeitsergebnisse als auch Ergebnisse aus Gruppenarbeitsprozessen festzuhalten. Die Methode eignet sich sehr gut zum Einstieg in ein Thema, indem Vorerfahrungen abgefragt werden, aber auch zur Erfassung von Lernzwischenständen und Arbeitszwischenergebnissen sowie zur abschließenden Diskussion eines Themenkomplexes.

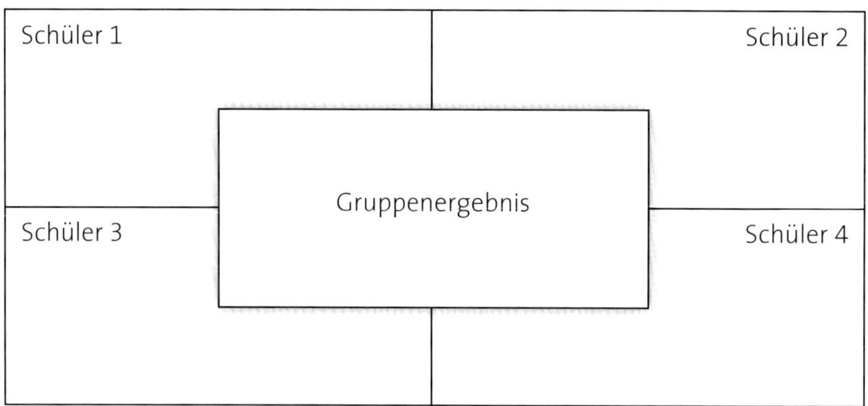

e) Trade-a-Problem

Ziel dieser Methode ist die gemeinsame Problemlösung unter Beteiligung möglichst vieler Schüler. Der Ablauf gliedert sich in folgende Schritte:

1) Jede Gruppe formuliert (oder erhält) eine Problemfrage zum Roman und schreibt sie auf das Arbeitsblatt (Vorlage Seite 30). Eine Problemfrage kann auch zwei oder allen Gruppen zugewiesen werden.
2) Dieses Arbeitsblatt wird im Uhrzeigersinn zur nächsten Gruppe weitergegeben, die Lösungsversuche darauf schreibt.
3) Es wird gewechselt, bis das Arbeitsblatt wieder in seiner Ursprungsgruppe ist.
4) Die Gruppe diskutiert die notierten Lösungsversuche und erarbeitet eine Gesamtlösung.
5) Die endgültigen Lösungen werden im Plenum diskutiert.

Eine mögliche abschließende Diskussion über die Gesamtproblematik wäre auf diese Weise detailliert vorbereitet.

Vorschläge für Problemfragen, die zum vorliegenden Roman *Das Schicksal ist ein mieser Verräter* in die Arbeitsblätter eingesetzt werden könnten:

1) Hat Hazel Recht, wenn sie zögert, ihre Liebe mit Gus zu leben?
2) Hat Gus das Problem mit dem Vergessen-Werden, weil er seine Person zu wichtig nimmt?
3) Sollten die Eltern von Hazel und Gus ihren Kummer vor ihren Kindern verbergen?
4) Wäre es besser gewesen, wenn sich Monica erst nach der Operation von Isaac getrennt hätte?
5) Behandelt Hazel den Autor Peter van Houten unbarmherzig, als er zur Beerdigung kommt?

III. Arbeit mit audio-visuellen Medien ***M 31–35***

John Green
Das Schicksal ist ein mieser Verräter.
ISBN 978-3-86742-697-8
Gekürzte Lesung
© 2014 Silberfisch

Das Hörbuch

a) Hörbuchbewertung nach Kriterien
b) Lesen und Hören – Erfahrungsvergleich

In einer Zeit, in der die audiovisuellen Medien einen weit größeren Zuspruch bei den Jugendlichen finden als das Buch, ist es erforderlich, sich mit diesen Medien auch im Unterricht zu beschäftigen und den jungen Konsumenten Kriterien an die Hand zu geben, die sie in ihrem Umgang mit diesen Medien leiten können.

Da ein ausgezeichnetes Hörbuch für *Das Schicksal ist ein mieser Verräter* vorliegt, das alle Merkmale einer künstlerischen Sprechgestaltung vorweist, liegt es nahe, eine Aufgabenstellung dazu anzubieten. Der erste Teil der Aufgabe fordert zur Bewertung der einzelnen Kriterien auf, die den Schülern auf diese Weise auch vermittelt werden. Der zweite Aufgabenteil spricht die Schülerinnen und Schüler auf ihre Erfahrungen an, die sie mit Lesen, Hören und der Kombination von beiden Rezeptionshandlungen gemacht haben. Es versteht sich von selbst, dass dieses Arbeitsblatt nur dann sinnvoll eingesetzt werden kann, wenn die Textpräsentation des Romans mit allen Formen gearbeitet hat. Da es schon Untersuchungsergebnisse[1] zu diesem Rezeptionsverhalten und seiner Bewertung gibt, die darauf hinweisen, dass gleichzeitiges Lesen und Hören von den Jugendlichen favorisiert wird, könnte ein Vergleich mit den Ergebnissen vor Ort interessant sein. Auch das Mehrebenenmodell der Lesekompetenz von Rosebrock/Nix[2] weist auf die erfolgreiche Kombination von Lesen und Hörbuch hin und liefert dazu einleuchtende Erläuterungen.

Trotz zahlreicher positiver Erfahrungen, was das Verständnis von Literatur betrifft, hat sich das laute Lesen im Unterricht noch nicht vollständig durchgesetzt. Die Befürchtung, damit zu sehr in die Zeitökonomie des Unterrichts einzugreifen, verhindert eine Textpräsentation, die wesentlich effektiver sein kann als das stille Lesen und die Zeitplanung entlastet, wenn sie nur an Schlüsselstellen oder besonders schwierigen Passagen eingesetzt wird, da durch die Möglichkeit, Verständnisschwierigkeiten unmittelbar zu beheben, Zeit eingespart werden kann. Die Textbegegnung kann – je nach Lerngruppe – unterschiedlich gestaltet werden. Leistungsstarke Schülerinnen und Schüler sollten die Lektüre als Hausaufgabe erledigen, Schülerinnen und Schüler mit einer geringeren Leseleistung und/oder Lesemotivation profitieren von einer Kombination mit dem Hörbuch, das alternierend zur häuslichen Lektüre, stillen Lesephasen oder für die gesamte Textbegegnung eingesetzt werden kann.

Beim Einsatz des Hörbuches ist zu beachten, dass es sich um eine gekürzte Romanfassung handelt, sodass vor dem gleichzeitigen Hören und Lesen im Unterricht die entsprechenden Texte abgehört werden sollten, um den Schülern die notwendigen Hinweise geben zu können.

Arbeitsblatt mit Höraufgaben: ***M 31***

Die Verfilmung

Roman und Verfilmung – ein Vergleich

Für einen Vergleich zwischen Buch und Verfilmung ist es unverzichtbar, sich mit den unterschiedlichen Erzählvorgängen zu beschäftigen. Der Erzählvorgang eines Films hat mehrere Möglichkeiten, mit denen ein Wirklichkeitseindruck gestaltet werden kann:

- Mise-en-scène (franz. In-Szene-Setzen) = Inszenierung der Bilder
- Kameraeinstellungen und -perspektiven
- Spiel mit dem Licht
- Symbiose von Musik und Bild
- Gestaltung von Sprache und Geräuschen
- Montage am Schneidetisch

John Green
Das Schicksal ist ein mieser Verräter.
© 2014 Twentieth Century Fox Film Corporation

1 Vgl. Gailberger, Steffen: Lesen durch Hören. Leseförderung in der Sek. I mit Hörbüchern und neuen Lesestrategien. Beltz 2011, S. 85.

2 Vgl. Rosebrock, Cornelia/Nix, Daniel: Grundlagen der Lesedidaktik und der systematischen schulischen Leseförderung. Schneider Verlag Hohengehren GmbH 2010, S. 16–20.

Diese Möglichkeiten sind die filmischen Instrumente, die Wirklichkeit zu transformieren. Die Erzählerfigur, im Text auktorial, personal oder als Ich-Erzähler vorhanden, muss im Film anders gehandhabt werden.

Ich-Erzähler und auktoriale Erzähler der Literatur verbergen sich im Film in der Regel hinter diesen Gestaltungsmitteln.

Dazu kommt die unterschiedliche Definition von Innenperspektive, die Text und Film haben. Die Literatur leistet die Innenweltdarstellung mit entsprechenden sprachlichen Mitteln wie zum Beispiel dem inneren Monolog, der Film setzt die Perspektive der subjektiven Kamera dagegen.

Die personale Erzählsituation kommt dem Film auf der visuellen Ebene entgegen. Er bietet meist eine Identifikationsfigur für den Rezipienten an, die er mithilfe der subjektiven Kamera darstellt.

Der Film als Medium der Außenperspektive hat Möglichkeiten, den Zuschauer am Geschehen partizipieren zu lassen, die einer auktorialen Erzählsituation nahe kommen. Das geschieht, wenn die Kamera so weit vom Geschehen entfernt ist, dass der Rezipient einen Überblick bekommt, der außerhalb des engeren Aktionsfeldes der Identifikationsfigur liegt. Verglichen mit dem Protagonisten ist der Zuschauer allwissend.

Materialen zur Erschließung des Films: ***M 32–35***

INHALTSZUSAMMENFASSUNG – Lückentext **M 27**

➲ **Aufgabe:** Vervollständige den Lückentext mithilfe der Wörter am Textende

Die ______________ des Romans *Das Schicksal ist ein mieser Verräter,* die an ______________ ______________ erkrankte Hazel Grace Lancaster und Augustus Waters, der durch ein Osteosarkom ein ______________ verloren hat, lernen sich in der ______________ kennen. Sie finden sofort eine gemeinsame ______________, beherrschen beide die Kunst der ______________.
Entgegen ihren Gewohnheiten, ein zurückgezogenes Leben zu führen, folgt Hazel nach der ersten gemeinsamen Sitzung der Selbsthilfegruppe gleich Gus' ______________, bei ihm zu Hause die DVD des Films ______________ anzusehen. Die Wahl dieses Films weist auf die Problematik des Augustus Waters hin: die ______________ vor dem Vergessen-Werden.
Hazels Entscheidung, Gus ihre ______________ für den Roman *Ein herrschaftliches Leiden* anzuvertrauen, wird im späteren Handlungsverlauf erkennbar als erste Andeutung ihres Problems, eine „______________" zu sein. Dieser Roman ist ein unabgeschlossener Text, der das ______________ und ______________ der krebskranken Hauptfigur Anna beschreibt und mitten im Satz abbricht. Damit kommt Hazel nicht zurecht, denn sie verlangt nach einer ______________, will erfahren, wie das Leben der anderen Figuren weitergeht, dass es weitergeht, gut weitergeht. Dieses ______________ steht für Hazels Angst, die ______________ durch ihre Krankheit und ihren Tod zu belasten.
Gus bietet Hazel im Austausch sein Lieblingsbuch *Preis der Morgenröte* an, der schriftlichen Fassung seines favorisierten Computerspiels um einen Helden, der die Vergessens-Problematik durch seine in ______________ verewigten Rettungstaten für sich gelöst hat.

Gus versteht Hazel, will sie unterstützen auf ihrer Suche nach der Fortsetzung von *Ein herrschaftliches Leiden* und nimmt ______________ mit dem Autor Peter van Houten auf, der zu einer Einladung nach ______________ führt. Gus hat seinen ______________ noch offen, den eine Hilfsorganisation für krebskranke Kinder und Jugendliche erfüllen kann, und schenkt ihn Hazel für ihre ______________ nach Amsterdam.
Im Unterschied zum ironischen Schlagabtausch über Krankheit, Umgang mit der Situation und Bezüge zu literarischen Texten und Zitaten wechselt die Kommunikationsebene: ______________ und Ehrlichkeit, Authentizität im sprachlichen Umgang miteinander verdeutlichen die Entwicklung der ______________.

Hazel, als sie spürt, dass sie sich in Gus verliebt hat, beschließt den ______________, um nicht auch für ihn eine „Zeitbombe" zu werden. Ihre Angst und ihr daraus resultierendes Verhalten veranschaulicht auf eindrucksvolle Weise, welchen ______________ ihr vom Krebs gezeichnete Leben ausgeliefert ist, verweist aber vor allem auch auf die Fähigkeit zur Empathie, die Hazel auszeichnet und zu dem besonderen Menschen macht, dem Gus in seinen Aufzeichnungen an Peter van Houten am Ende seines Lebens liebevoll und bewundernd ein sprachliches ______________ setzt.

(Fortsetzung auf der nächsten Seite)

Die Reise nach Amsterdam wird ____________________, den erneuten Belastungen durch die Krankheit von Hazel und Gus zum Trotz. Diese Stadt wird zur großen ____________________ durch das ungehobelte Verweigerungsverhalten von Peter van ____________________, diese Stadt wird zum tiefen Erleben der ____________________ von Hazel und Gus.

Zurück in der Amerika beginnt das ____________________ von Gus, mitgetragen von seinen Eltern und der ganzen Familie, seinem Freund Isaac und vor allem von Hazel, die an seiner Seite ist bei körperlichen und seelischen ____________________, in den kurzen Momenten der Erleichterung und bei den ____________________ über Ängste, Gedanken und Wünsche, die den Sterbenden begleiten. Krankheit und Tod lassen nicht die Zeit, zu einer ____________________ zusammenzuwachsen, aber sie schenken die Chance des ____________________. Hazel erkennt, dass eine solche Liebe womöglich in der ____________________ nicht bestehen würde und versteht, dass der Mensch zur ____________________ aufgefordert ist.

Alltagsrealität – Amsterdam – Angst – Bein – Belastungen – Beziehung – Demut – Denkmal – Einladung – Eltern – Entlastung – Ernsthaftigkeit – Fortsetzung – Fortsetzungen – Füreinander – Gesprächen – Hauptfiguren – Houten – Ironie – Kommunikationsebene – Kontakt – Leben – Lebensgemeinschaft – Liebe – Problem – Reise – Rückzug – Schilddrüsenkrebs – Selbsthilfegruppe – Sterben – Sterben – Vendetta – Vorliebe – Wirklichkeit – Wunsch – Zeitbombe – Zusammenbrüchen

INHALTSZUSAMMENFASSUNG – Stichwörter ausformulieren **M 28**

➲ **Aufgabe:** Verfasse mithilfe der folgenden Stichwörter eine Inhaltszusammenfassung

- Hazel und Gus/Krebs/Selbsthilfegruppe
- Zeitbombe – Angst vor dem Vergessen-Werden
- Vendetta – Ein herrschaftliches Leiden
- Hazels Wunsch: Romanfortsetzung
- Kontakt mit Autor/Einladung
- Gus' Geschenk: Amsterdam
- Reise (trotz Krankenhausaufenthalt/Rückfall)
- Enttäuschung/Verzweiflung Hazels
- gelebte Liebe
- Rückkehr nach Amerika
- Gus' Sterben/Beistand
- Beerdigung/Peter van Houten
- Gus' Botschaft
- Hazels Demut

THEMATISCHE ASPEKTE – Struktur-Lege-Technik M 29

Begriffskärtchen (Vorschläge zur Auswahl)

KRANKHEIT	KREBS	OPERATION	ZEITBOMBE
MEDIKAMENTE	CHEMOTHERAPIE	KRANKENHAUS	BEZIEHUNG
SEELISCHE BELASTUNGEN	EMPATHIE	LIEBE	ANGST
SCHMERZEN	VERGESSEN-WERDEN	EWIGKEIT	HOFFNUNG
BEISTAND	STERBEN	LEBEN	THERAPIE
UNIVERSUM	LITERATUR	IRONIE	EHRLICHKEIT
TRAUER	TAPFERKEIT	GLAUBEN	SELBSTHILFEGRUPPE
RÜCKZUG	DEMUT	FÜREINANDER	GESPRÄCH

THEMATISCHE ASPEKTE – Trade-a-Problem

M 30

THEMA/PROBLEMSTELLUNG

____

____

ANTWORT GRUPPE I:

ANTWORT GRUPPE II:

ANTWORT GRUPPE III:

ANTWORT GRUPPE IV:

OPTIMALE PROBLEMLÖSUNG:

ARBEIT MIT AUDIO-VISUELLEN MEDIEN – Das Hörbuch *M 31*

Bewertung nach Kriterien

➲ **Aufgabe 1**

Beurteile das Hörbuch und trage deine Bewertungen in die entsprechenden Spalten der Tabelle ein.

Textgenauigkeit	Verständlichkeit/ Deutlichkeit	Sinnvoller Einsatz von Betonungen, Pausen, Tempo	Hinweise auf Andeutungen im Text durch Betonung	Zusammenpassen von Sprecherstimme und Romaninhalt

Lesen und Hören – Erfahrungsvergleich

➲ **Aufgabe 2**

Fasse deine Antworten in einem Text zusammen: Welche Erfahrungen hast du gemacht

- mit dem Lesen
- mit dem Hören
- mit dem gleichzeitigen Lesen und Hören des Romantextes?

ARBEIT MIT AUDIO-VISUELLEN MEDIEN – Die Verfilmung ***M 32***

Der Filmregisseur Josh Boone stellt in seiner Verfilmung des Romans *Das Schicksal ist ein mieser Verräter* mit den Mitteln des Mediums Film die Geschichte von Hazel und Gus dar. Ein Film bietet andere Möglichkeiten als ein Text, Inhalte und Aussagen zu vermitteln. Die auktoriale Erzählperspektive der Ich-Erzählerin Hazel wird beibehalten, aber nicht stringent durchgehalten, da der Zuschauer durch das Spiel, die Ausdruckskraft der Personen einen zweiten Zugang hat.

➲ **Aufgabe 1**

Die Verfilmung kombiniert den Vortrag einzelner Passagen aus dem Text auf zweifache Weise mit den gezeigten Bildern und Szenen:

1) Während des Vortrages der Textpassage reihen sich Bilder aneinander, die den Inhalt in Vorstellungen verwandeln.
2) Das Vortragen von Textpassagen und Spielszenen wechseln sich ab.

Beschreibe die Wirkung, die diese Techniken auf dich haben.

Zu 1. ____

____

____

Zu 2. ____

____

____

➲ **Aufgabe 2**

Die Gleichzeitigkeit verschiedener Handlungen und Gedankengänge kann im Film veranschaulicht werden.

a) Beschreibe, wie der Film diese Gleichzeitigkeit in der Szene erreicht, als Hazel während des Essens eine SMS von Gus erhält und die Eltern sich angeregt unterhalten.

____

____

____

____

b) Beschreibe ein weiteres Beispiel aus dem 4. Kapitel, in dem diese Technik benutzt wird.

____

____

____

____

➲ **Aufgabe 3**

In der Verfilmung finden sich Veränderungen gegenüber dem Text.
Bearbeite dazu die folgenden Arbeitsanweisungen.

1) Im Elternhaus von Gus gibt es nur einen ‚Ermutigungsspruch': „Wer den Regenbogen will, muss den Regen in Kauf nehmen." Welche Auswirkung hat diese Veränderung auf die Darstellung der Eltern von Gus?

____

____

____

2) Das Film-Bild des Ortes, an dem sich die Selbsthilfegruppe im Kreis zusammensetzt, weicht von der Beschreibung im Buch (S. 10) ab.
Beschreibe diese Veränderung und die dadurch hervorgerufene Wirkung.

____

____

____

3) Die Verfilmung stellt keinen Bezug zu Gus' verstorbener Freundin Caroline her.
Welche Auswirkung hat das auf die Darstellung der Beziehung von Hazel und Gus?

____

____

____

4) Peter van Houten erscheint in der Verfilmung weniger aggressiv und sensibler als im Buch.
Wodurch wird das erreicht?

____

____

____

5) Hazels Suche nach der Botschaft, die Gus ihr hinterlassen hat, entfällt.
Wie beurteilst du diese Veränderung? Nimm begründend Stellung dazu.

____

____

____

____

6) Die letzten Worte Hazels im Text lauten: **„Ich auch."** (S. 333), der Film endet mit **„OK"**. Welches Ende findest du besser? Begründe deine Antwort.

____

____

____

____

➲ Aufgabe 4

a) Charakterisiere die Musik/das Lied, die/das an folgenden Stellen als Darstellungsmittel eingesetzt wird, durch ein passendes Adjektiv.
b) Erläutere, warum Musik/Lied jeweils dem Textinhalt entsprechen.

Hazel erzählt über Patrick, den Leiter der Selbsthilfegruppe.

a) ______________________________

b) ______________________________

____

Hazel erzählt über ihren Alltag.

a) ______________________________

b) ______________________________

____

Hazel und Gus erleben Amsterdam.

a) ______________________________

b) ______________________________

____

Hazel und Gus erleben ihre körperliche Liebe.

a) ______________________________

b) ______________________________

____

Isaac bewirft Monicas Auto mit Eiern.

a) ______________________________

b) ______________________________

____

➲ **Aufgabe 5**

a) Welche der folgenden Kameraeinstellungen sind in den Szenen zum 1. Kapitel zu finden? Kreuze an.

- ☐ PANORAMA (Gesamtüberblick/oft am Filmbeginn)
- ☐ TOTALE (großer Raum mit allen wichtigen Elementen/oft am Szenenbeginn)
- ☐ HALBTOTALE (ganze Person unter Einbeziehung des Umfeldes)
- ☐ HALBNAH (Person von Knie/Hüfte an aufwärts)
- ☐ NAH (Person von Mitte des Oberkörpers an aufwärts)
- ☐ GROSS (Kopf)
- ☐ DETAIL (Ausschnitt/Gesichtsteile)

b) Welche Kameraeinstellungen herrschen vor? Hast du eine Erklärung dafür?

____

____

____

____

➲ **Aufgabe 6**

John Greens Urteil über die Verfilmung lautet: „*I loved it. It's a wonderfully faithful adaption.*"[1]
Formuliere deine Bewertung der Verfilmung in einem Satz.

____

____

____

1 In: Unterrichtspraxis Reihe Hanser in der Schule. John Green, *Das Schicksal ist ein mieser Verräter.* https://www.dtv.de/_files_media/downloads/unterrichtsmodell-das-schicksal-ist-ein-mieser-verraeter-62583-63.pdf (27.05.2020)

EXPOSITION – Hazel in ihrer Welt

SH 6–8

➲ Aufgabe 1

a)

HAZELS SITUATION: (S. 9, 11)	HAZELS GEDANKEN: (S. 9, 11, 15, 19/20, 21)	HAZELS ANSICHTEN: (S. 9, 10, 11, 19, 27)	HAZELS VERHALTEN: (S. 9, 12, 14, 16, 19, 27, 28)
→ klinische Depression → Schilddrüsenkrebs → Metastasen in der Lunge → seit drei Jahren nicht mehr in der Schule → beste Freunde: Eltern/Schriftsteller	→ über den Tod → über Nebenwirkungen des Sterbens → über den Konkurrenzkampf in der Selbsthilfegruppe ums Überleben → über ihr vom Krebs gezeichnetes Aussehen (als Gus sie anstarrte) → über ihre Vorliebe, sich im Hintergrund zu halten → über die Zeit, wenn ihr Name auf der Todesliste stehen wird	→ Depression = Nebenwirkungen des Sterbens → über die deprimierende Selbsthilfegruppe → über Gus' Zigarette	→ Weigerung, in die Selbsthilfegruppe zu gehen → verbringt viel Zeit im Bett → liest immer dasselbe Buch → geht in die Selbsthilfegruppe, um ihre Eltern glücklich zu machen → lässt sich auf den Augenkontakt mit Gus ein → gibt Gus eine Antwort auf sein Problem mit dem Vergessen → verurteilt das Rauchen von Gus → entscheidet sich, mit Gus nach Hause zu fahren um *Vendetta* anzusehen

➲ Aufgabe 2

- Selbsthilfegruppe als deprimierend empfunden
- bekommt keine Hilfe in der Selbsthilfegruppe
- nimmt ablehnende, ironische Haltung ein
- geht aus Empathie für die Gefühle der Eltern in die Selbsthilfegruppe

➲ Aufgabe 3

Mögliche Angaben:

- ironisch
- traurig
- ernsthaft
- hoffnungslos
- desinteressiert

➲ Aufgabe 4

- besorgtes Beobachten von Hazel
- geht mit ihr zum Arzt, als sie Zeichen von Depression erkennt
- drängt Hazel, unter Menschen/junge Leute zu gehen
- drängt Hazel, zur Selbsthilfegruppe zu gehen
- will, dass Hazel ihr Leben lebt
- fährt sie überall hin, wartet auf sie
- sieht mit ihr zusammen fern
- sagt ihr, dass sie sie liebt

EXPOSITION – Veränderungen *SH 8–10*

➲ Aufgabe 1

a) Hazel beschäftigt sich mit *ihrem vom Krebs gezeichneten Aussehen.*
Hazel gibt zu, dass *ihr der Junge gefällt.*
Hazel zeigt, dass *sie sich auf Kontakte mit Jungen einlassen kann.*
Hazel ändert ihr Verhalten in der Selbsthilfegruppe, weil *sie Gus antwortet und damit ihr Interesse an ihm zeigt.*
Hazel ist offen für *den Flirt mit Gus.*
Hazels Gefühle zeigen, dass *sie den Jungen mag.*

b)
- ihr Aussehen
- ihre Schönheit
- ihre Ähnlichkeit mit Natalie Portmann
- ihre klugen Ausführungen über das Problem des Vergessens
- ihre Art zu kommunizieren

a) Dass Hazel mit Gus mitgeht, zeigt eine positive Veränderung, gibt Hoffnung so wie das Licht die Dunkelheit durchbricht.

➲ Aufgabe 2

Hazel leidet darunter, dass sie durch ihre Krankheit und dem möglichen frühen Tod ihren Eltern großen Kummer bereitet.
Gus hat Angst vor dem Vergessen-Werden nach seinem Tod.

➲ Aufgabe 3

a)
- Hazel: Schilddrüsenkrebs mit Metastasen in der Lunge
- Teilnahme an der Selbsthilfegruppe (Elternwunsch)
- negatives Urteil über die Selbsthilfegruppe
- einziger Lichtblick: sarkastischer Isaac (kurz vor der OP, die zu seiner Erblindung führen wird)
- Kennenlernen von Augustus Waters (Isaacs Freund), der durch den Krebs ein Bein verloren hat und jetzt als geheilt gilt
- nach der Gruppensitzung Gespräch zwischen Hazel und Gus
- Gus' Einladung zum Ansehen der DVD *Vendetta*
- Hazels Entscheidung mitzufahren

b)
- schönes Mädchen, das Natalie Portman ähnlich sieht
- Wettkampf im Anstarren
- kluge Ausführungen des Mädchens auf sein Vergessen-Problem
- Flirt
- Gespräch über Isaac und Monica
- Missverständnis um die Zigarette (Metapher)
- Einladung zum DVD *Vendetta* ansehen
- Annehmen der Einladung

d)
- Einführung der handelnden Hauptpersonen (Hazel, Gus) – ihr Kennenlernen
- Problem Krebs mit seinen körperlichen und seelischen Folgen wird angesprochen
- Aufbau von Spannung auf die weitere Entwicklung

e) Stichpunkte siehe SH S. 10

AUSGELIEFERT SEIN — SH 11–14

➲ Aufgabe 1

	TEXTSTELLE	FOLGE
HAZEL	„Und ich hatte Bluie immer noch im Arm, als ich kurz nach vier Uhr morgens aufwachte, weil aus dem unerreichbaren Innern meines Schädels ein apokalyptischer Schmerz emporraste." (S. 115)	• Intensivstation • Dränage • Medikamente
GUS	„Später würde er den Schmerz so beschreiben, als würde ein dicker Einbeiniger in Stilettos auf seiner Brust stehen." (S. 236/237)	• Tabletten • Distanz zu Hazel
ISAAC	„Er presste die Lippen zusammen. Ich konnte ihm den Schmerz ansehen." (S. 85)	• Pumpe mit selbst dosierbaren Schmerzmitteln • Abbruch der Kommunikation mit Hazel

➲ Aufgabe 2

Isaac: Wut auf sein Schicksal – Angst vor dem Erblinden
Hazel: Gefühl des Andersseins, Befürchtung abgelehnt zu werden
Hazel: Gefühl des Ausgeschlossen-Seins
Hazel: Gefühl, von der Lebendigkeit des Lebens ausgeschlossen zu sein
Gus: Trauer, Verzweiflung, Hoffnungslosigkeit angesichts seiner Situation in einer Welt und Umgebung, die ihm gefällt
Hazel: Gefühl, um Liebe und Leben betrogen zu sein, keine Zukunft zu haben

➲ Aufgabe 3

Gus empfindet zusätzlich zu seinen Schmerzen Hilflosigkeit, Scham und den Verlust seiner Würde.
Textstellen:
S. 257: „»Mit jeder Minute, die vergeht, wächst meine Wertschätzung für den Ausdruck *tief beschämt*«, sagte er schließlich."
S. 261: „»Sie haben gesagt, sie holen mir ein neues, aber ich wollte ... selber. Eine Sache selber machen.«"
S. 265: „»Das war der letzte Krümel meiner Würde. Er ist ganz klein.«"

➲ Aufgabe 5

b) Mögliche Antworten

Hazel Phase *Akzeptieren*
Begründung: *Sie kann ihre Trauer um Gus annehmen, erlebt ihre Liebe als einmalig und zeitgebunden, sie kann sich in ihrem Leben einrichten.*

Gus: Phase *Suchen*
Begründung: *Er wendet sich an van Houten, der ihm helfen soll, einen Text für Hazel zu verfassen. Er will ihr etwas hinterlassen. Er hat erkannt, dass Hazels Haltung dem Sterben gegenüber die bessere ist, weil sie sich lösen kann.*

Isaac: Phase *Aufbrechende Emotionen*
Begründung: *Er will sein Schicksal – vor allem die Trennung von Monica – nicht wahrhaben, nicht akzeptieren, reagiert mit Zorn und Schmerz. Aber er kümmert sich um seinen sterbenden Freund Gus.*

➲ Aufgabe 6

- Depressionen = Nebenwirkungen des Sterbens/fast alles Nebenwirkungen des Sterbens
- Gespräch über Krankheit und Tod in der Selbsthilfegruppe
- Konkurrenzkampf ums Überleben
- Erinnerungsliste der Verstorbenen in der Selbsthilfegruppe
- Gedanken an den Tag, an dem sie selbst auf der Liste stehen wird
- Hazels Gespräch mit dem Kind über ihren Sauerstoffschlauch
- Sorge um ihr Weiterleben
- Gespräch Hazel/Gus über Küsse und Caroline
- Hazels Angst vor Metastasen
- bestes Leben heute leben
- Sichtbarkeit der Krankheit/Absonderung von den Gesunden
- auf der Pinnwand des verstorbenen Gus/ihr Ärger über Eintrag, der Unsterblichkeit des Schreibers impliziert
- Kommentar zu einem Beitrag geschrieben/Widerspruch
- „Ohne Leid würden wir nicht wissen, was Freude ist." (Sprichwort)
- Gedanken zum Vergessen
- Universum/Individuum: bemerkt werden wollen

BEWÄLTIGUNGSVERSUCHE – Rückzug und Distanz *SH 15–17*

➲ Aufgabe 2b)

HAZELS IRONISCHE FORMULIERUNG	NICHT-IRONISCHE FORMULIERUNG
„[...] weil meine Lunge grottenschlecht in ihrem Job war." (S. 14)	Meine Lunge arbeitet sehr schlecht, es herrscht ständiger Sauerstoffmangel und ich habe große Schwierigkeiten mit dem Atmen.
„»Dann bin ich eine Krebskampfmaschine«, sagte ich." (S. 120)	Die Zeit im Krankenhaus versuchte ich mit dem Kampf gegen den Schmerz, Angst und Medikamenten zu ertragen.

d)

„»Und ich dachte immer, die Welt ist eine einzige Wunscherfüllungsmaschine.«" (S. 121)
Situation: *Wiedersehen von Hazel und Gus bei Hazels Entlassung aus dem Krankenhaus – Dank von Hazel, dass er sie nicht in ihrem grauenhaften Zustand besucht hat – Hazels Feststellung, dass man nicht immer das bekommt, was man will*

„Natürlich hatte ich gehofft, Peter van Houten wäre bei Sinnen, aber die Welt ist keine Wunscherfüllungsmaschine." (S. 194)
Situation: *Begegnung mit dem sonderbaren und unfreundlichen Peter van Houten in seinem Haus*

„»Ich weiß. Anscheinend ist die Welt keine Wunscherfüllungsmaschine.« Damit brachte er mich ein bisschen zum Lächeln." (S. 211)
Situation: *vor dem Anne-Frank-Haus – Gus' Schwierigkeiten mit dem Hinsetzen und Aufstehen*

„»Die Welt«, sagte er, »ist keine Wunscherfüllungsmaschine«, und dann brach er zusammen, [...]." (S. 230)
Situation: *Gespräch zwischen Hazel und Gus über seinen unfairerweise wiedergekehrten Krebs*

BEWÄLTIGUNGSVERSUCHE – Aufmerksamkeit und Empathie *SH 17–20*

➲ Aufgabe 1

a)
- Beeinflussung Hazels, unter Menschen zu gehen
- Ausdenken besonderer Feiertage
- sich um die medizinische Versorgung kümmern
- zusammen den Alltag gestalten
- Interesse an Hazels Gedanken und Vorlieben, Empathie
- körperliche Nähe/Wärme geben
- Verständnis haben und zeigen

➲ **Aufgabe 2**

a)

„Gute Freunde sind schwer zu finden und unmöglich zu vergessen.“ (S. 34)	„Wahre Liebe erträgt jede Not.“ (S. 34)	„Familie für immer“ (S. 34)
Gute Freunde sind rar, aber man wird sie nie vergessen, so wie auch Gus nicht vergessen werden wird.	*Die Eltern lieben Gus und stehen alles mit ihm durch, die übrigen Familienmitglieder sind auch für ihn da.*	*Sie sind eine Familie und werden es immer sein, auch über seinen Tod hinaus wird Gus dazugehören.*

➲ **Aufgabe 3**

Mögliche Antworten:

Gus' Eltern haben Recht: *Für seinen gesundheitlichen Zustand bedeutet die Reise eine Unterbrechung der Behandlung und gefährdet die Wirkung.*

Gus hat Recht: *Für ihn ist die Reise/die Liebe zu Hazel wichtiger als die Behandlung („bestes Leben heute leben“)*

Hazels Eltern haben Recht: *Die Anstrengung/Überforderung kann ihrem gesundheitlichen Zustand sehr schaden und gefährlich werden.*

Hazel hat Recht: *Die Liebe zu Gus ist wichtiger. Sie will bei ihm sein. Er braucht sie.*

➲ **Aufgabe 5**

Mögliche Angaben:

PROBLEM: IST MONICAS VERHALTEN ZU VERURTEILEN?	
Gründe, die dafür sprechen	Gründe, die dagegen sprechen
→ lässt Freund im Stich → hat „für immer“ geschworen → denkt nur an sich, ist egoistisch → ist nur ‚in guten Tagen' für ihn da	→ fühlt sich den Anforderungen nicht gewachsen → hat vor der Zukunft mit dem blinden Isaac Angst → hat ein Recht auf ihr eigenes Leben
Interessante Fragen: Wie würde ich mich verhalten?	

➲ **Aufgabe 6b**

- Kommunikation und Verstehen auf der gleichen Ebene (Ironie/Sarkasmus): muss sich nicht allein in der Gruppe fühlen
- Rituale als Angebote, nicht ins innere Chaos zu versinken
- Kennenlernen von Augustus Waters (Interesse an Jungen, Einlassen auf Gespräch/Flirt, Annehmen der Einladung)
- Gespräch mit Isaac: Hazel erfährt, dass Gus nur von ihr spricht

BEWÄLTIGUNGSVERSUCHE – Reale und fiktive Welt *SH 21–24*

➲ **Aufgabe 1**

a) Literatur ist *wie eine Botschaft für die Mitmenschen.*
Literatur ist *wie kostbarer, ganz persönlicher Besitz.*

➲ **Aufgabe 2**

a) Autor Peter van Houten ist der einzige lebende Mensch, der versteht, wie es sich anfühlt zu sterben
- kein Krebsbuch, das von Krebsforschung und Wohltätigkeit handelt, sondern die Geschichte vom Leben und Sterben der krebskranken Anna
- authentisches Erzählen

b) Sie will/muss wissen, wie es mit den Figuren nach Annas Tod weitergeht, will eine Fortsetzung des Lebens. Das steht im Zusammenhang mit ihrem Wunsch, dass das Leben ihrer Eltern nach ihrem Tod gut weitergeht.

➲ Aufgabe 3

Situation	Textstelle	Erläuterung
Hazel schreibt Briefe an Peter van Houten	**„Ich konnte nicht ewig warten.“** (S. 59)	Hazel will wissen, wie es weitergeht, und weiß, dass ihre Krankheit ihr nicht ewig Zeit lässt.
Hazel schreibt eine Mail an Peter van Houten	**„Diese Fragen quälen mich [...], aber ich muss es einfach wirklich wissen.“** (S. 79/80)	siehe Antwort zu Hazels Problem
Peter van Houten antwortet	**„[...], könnte ich Ihre Fragen einzig von Angesicht zu Angesicht beantworten, doch Sie sind dort, während ich hier weile.“** (S. 87)	Van Houten will sich absichern, dass seine Antworten nicht missbraucht werden können/weicht aus in der Ausrede
Hazel ist mit Gus in Amsterdam bei Peter van Houten	**„»Der Roman ist aus ein paar Strichen auf einem Blatt Papier entstanden, liebes Kind. Die Figuren, die ihn bevölkern, haben kein Leben außerhalb dieser Striche.«“** (S. 204)	Van Houten macht Hazel klar, dass es sich in seinem Buch um ausgedachte Figuren handelt, die nicht mit lebenden Menschen zu vergleichen sind, die nur im Text existieren.
Hazel drängt auf Antworten des Autors	**„Doch ich brauchte die Antwort. [...]. Ich musste wissen, was nach dem Ende passierte.“ [...] „»SIE HABEN ES VERSPROCHEN!«, schrie ich [...].“** (S. 207)	Hazel gerät in Panik, weil sie die Antworten haben muss, und verweist auf van Houtens Aussage, es ihr nur persönlich sagen zu können.
Hazel lehnt van Houtens Erklärungsangebot ab	**„»[...] Sie sind nicht mehr der Typ, der *Ein herrschaftliches Leiden* geschrieben hat, und deshalb können Sie sich auch keine Fortsetzung ausdenken, [...].«“** (S. 295)	Hazel hat erkannt, dass van Houten sich verändert hat, dass er verkümmert ist, nicht mehr der Dichter von *Ein herrschaftliches Leiden*
Anna war Peter van Houtens Tochter.	**„»Es war eine unerträglich lange Zeit, bevor wir sie verloren. Trauer verändert einen nicht, Hazel. Trauer bringt den wahren Charakter hervor.«“** (S. 305)	Van Houten weist darauf hin, dass er immer schon ein Mensch gewesen sei, der sein Leben nicht im Griff hat. Das sei durch das Schicksal seiner Tochter deutlich geworden.

➲ Aufgabe 4

1) Es wäre eine Möglichkeit, sich zu versichern oder zu hoffen, dass auch ihre Eltern nach ihrem Tod ein gutes Leben haben.
2) Hazel denkt nicht vornehmlich an sich, sondern an ihre Mitmenschen. Sie sorgt sich um die Wirkung ihres Verhaltens, ihrer Krankheit und ihres Sterbens auf ihre Eltern. Sie hat und zeigt Empathie.

➲ Aufgabe 5

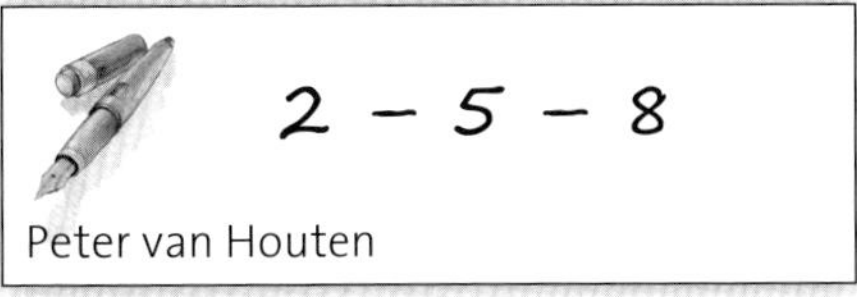

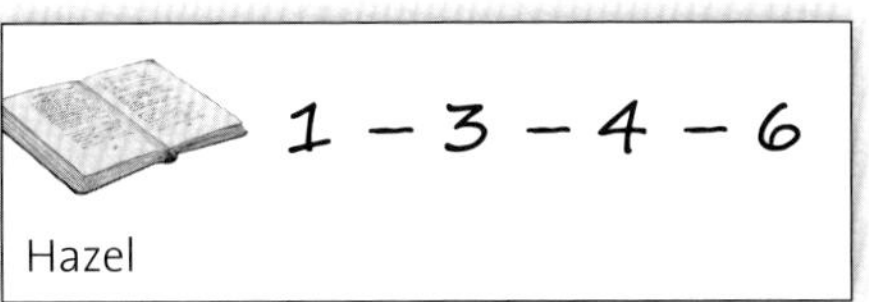

➲ Aufgabe 6

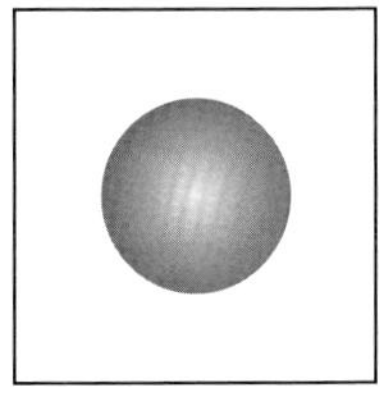

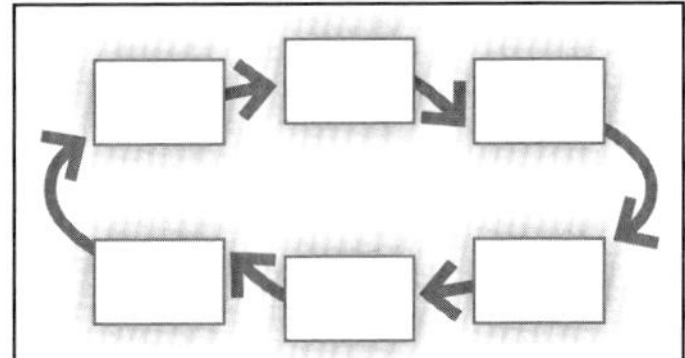

Kreis: hat keinen Anfang und kein Ende
Pfeil: führt endlos weiter
Sequenzdiagramm: ist in kleine Einheiten aufgeteilt, die endlos aufeinanderfolgen

BEWÄLTIGUNGSVERSUCHE – Ungewissheit und Glauben *SH 24–27*

➲ Aufgabe 1

Hazel: Wut auf das Universum wegen Gus' Tod – kein Vertrauen, dass der tote Gus sie hören kann – Entrüstung über die Aussage von Gus' Vater, dass Augustus im Himmel wieder heil und ganz würde – nicht überzeugt vom Wiedersehen mit Gus – sieht ihn herabgestuft vom Heimsucher zum Heimgesuchten

Gus: Gott = die aufgehende Sonne – glaubt nicht an eine Rückkehr aus dem Jenseits als Heimsuchung oder Trost für die Hinterbliebenen, aber glaubt an ein Weiterexistieren – ist der Ansicht, dass das Universum bemerkt werden will, dass es Intelligenz belohnt, weil es ihm schmeichelt, wenn seine Eleganz erkannt wird – glaubt an das große I (Irgendetwas)

➲ Aufgabe 2

b) **Ähnlichkeiten:** Eventuell: Eingehen ins Nirwana ähnlich vorzustellen wie Weiterexistieren im Universum
Unterschiede: Aufwachen der Toten und Gericht (jüdischer und christlicher Glaube)
Leben und Tod gleichgestellt – Tod nicht das Ende, sondern eine Befreiung von der Anstrengung des Lebens – Wechsel von vergänglicher in beständige Welt (islamischer Glaube)
Kette von Wiedergeburten bis Mensch sich von der Welt gelöst hat – Eingehen ins Nirwana (buddhistischer Glaube)

c) **„[...], aber ich dachte daran, dass das Universum bemerkt werden wollte und dass ich ihm so viel Aufmerksamkeit schenken musste, wie ich konnte. Ich hatte das Gefühl, ich schuldete dem Universum etwas, und ich konnte es ihm nur durch Achtsamkeit zurückzahlen; und außerdem schuldete ich jedem etwas, der kein Mensch mehr sein durfte, und jedem, der noch kein Mensch war."** (S. 313)
Hazel erkennt, dass der Mensch ohnmächtig gegen das „Universum" ist, dass die Haltung der Demut angemessen ist. Sie fühlt die Aufforderung, Respekt vor dem Leben zu haben, vor den Verstorbenen und den Nachgeborenen. Sie fühlt die Verbundenheit mit Vergangenheit und Zukunft.

„Wer bin ich, zu sagen, das alles würde nicht ewig existieren? Wer ist Peter van Houten, zu behaupten, dass all unsere Mühen vergeblich sind?" (S. 327)
Hazel empfindet es als anmaßend, wenn sie oder Peter van Houten Behauptungen über die Unmöglichkeit des Weiterlebens und die Vergeblichkeit des menschlichen Handelns aufstellen.

➲ Aufgabe 3

Gus' Vater: betet zu Gott – glaubt an ein Weiterleben
„»Ich danke Gott jeden Tag für dich, Kleine.«" (S. 269)
„»Im Himmel wurde ein Engel gebraucht« [...]." (S. 307)
„»Aber die Botschaften, die er uns schickt, kommen jetzt von oben, Hazel.«" (S. 310)

Leiter der Selbsthilfegruppe: betet zu Gott
„[...] und dann stimmte uns Patrick mit dem Gelassenheitsgebet ein." (S. 16)

NEBENWIRKUNGEN DES STERBENS – Eine *Zeitbombe* sein *SH 28–31*

➲ Aufgabe 1

„Denn es gibt nur eins auf der Welt, das ätzender ist, als mit sechzehn an Krebs zu sterben, und das ist, ein Kind zu haben, das an Krebs stirbt." (S. 14)

➲ Aufgabe 2

a) 1. Hazel Befürchtung bald zu sterben: weil sie gern lebt
2. Hazels Belastung: Leiden der Eltern durch ihren Tod

c) Weinen des Vaters, das er nicht unterdrücken kann
Aussage des Vaters, die Hazel hört: **„»Es bringt mich um«"** (S. 111)
Aussage der Mutter, die Hazel hört: **„»Dann bin ich keine Mutter mehr.«"** (S. 127)

➲ Aufgabe 3b

Gesprächsanlass	Hazels Verhalten nach dem Tod von Gus
Gesprächsbeginn	Frage von Mom, ob Hazel bereit sei für BiPAP und TV-Serie
Angesprochene Probleme	Hazels „Unhungrigkeit" Auseinandersetzung wegen Abendessen Moms Aussage, keine Mutter mehr zu sein Aussagen der Eltern, die Hazel mitgehört hat Rücknahme dieser Aussagen
Moms ‚Geständnis'	Ausbildung Moms zur Sozialpädagogin
Hazels Reaktion	Freude und Erleichterung
Hazels Wunsch	Ihre Eltern sollen nach ihrem Tod zusammenbleiben
Gesprächsende	Hazels Aussage, nach ihrem Tod bei Moms Arbeit als Sozialpädagogin vom Himmel aus dabei zu sein/gemeinsam TV-Serie anschauen

c) Hazel ist erleichtert, weil sie sich jetzt die Fortsetzung des Lebens ihrer Eltern, wenn sie gestorben sein wird, vorstellen kann. Die Belastung, eine „Zeitbombe" zu sein, verliert an Bedrohlichkeit.
„Es war unglaublich, wie erleichtert ich war, [...], als ich mir meine Mutter als Patrick vorstellte." (S. 316 f.)

➲ Aufgabe 5

Hazels Gefühl, eine Zeitbombe zu sein, bewirkt ihre Angst, den Eltern, die sie lieben, Schmerz zu bereiten. Diese Angst wird auf die Beziehung zu Gus übertragen. Sie zeigt sich auch in dem Gedicht durch die Achtsamkeit, sich zu schützen und die Furcht vor Bedrohung und Tod.

NEBENWIRKUNGEN DES STERBENS – Vergessen-Werden *SH 31–34*

➲ Aufgabe 1

a) Erwartete Angaben:

- Zeit kommt, in der es keine Menschen und so auch keine Erinnerung an Menschen und ihre Gedanken und Taten mehr geben wird.
- Alles, was jetzt vorhanden ist, hat dann keine Bedeutung mehr.
- Vielleicht kommt diese Zeit bald, vielleicht auch erst in Millionen von Jahren.
- Selbst bei einem Überleben des Kollapses der Sonne handelt es sich nicht um ein Überleben für immer.
- Es hat eine Zeit vor dem Bewusstsein der Organismen gegeben und es wird eine Zeit danach geben.
- Gus soll diese Unausweichlichkeit des Vergessens ignorieren, wie es alle anderen tun.

➲ Aufgabe 2

Vendetta: Gus will etwas Besonderes leisten, das in der Welt von ihm einen positiven Eindruck hinterlässt, so wie es der Mann mit der Maske und Guy Fawkes mit ihrem Kampf gegen die Unterdrückung getan haben.
Max Mayhem: Max Mayhem setzt sich für die Opfer, die Schwachen ein, ist eine Retterfigur, die unvergessen ist, immer in weiteren Fortsetzungen in Aktion ist. So will auch Gus die Schwachen retten (Computer-Spiel), sozusagen als Hinweis auf seinen Wunsch, nicht vergessen zu werden.

➲ **Aufgabe 4**

a) Das *'Besondere'* für Gus: eine Geschichte haben, die es wert ist, erzählt zu werden (Nachruf in allen Zeitungen)
Das *'Besondere'* für Hazel: Gus ist etwas Besonderes, weil sie von ihm weiß.

➲ **Aufgabe 5**

Gus' Angst vor dem Vergessen-Werden könnte auf die im Zitat genannte Standardeinstellung der Selbstzentriertheit hindeuten.

NÄHE ZULASSEN – Hazel und Gus *SH 35–44*

➲ **Aufgabe 1**

Individuelle Ausformulierung der Angaben auf den Zetteln in Er-Form

➲ **Aufgabe 4**

- DVD ansehen
- Gespräche zu zweit
- Picknick

➲ **Aufgabe 5**

a) Mögliche Beispiele:

„»Der Tag der existentiell belasteten Freiwürfe war zufällig auch der letzte Tag meiner Zweibeinigkeit.«“ (S. 38)
„»Ich liebe es, wenn du medizinisch mit mir redest.«“ (S. 42)
„»Ich habe den Verdacht, dass du einen Amputationsfetisch hast«, antwortete er […].“ (S. 221 f.)

b) **„»Ich hätte es dir sagen müssen. Es war dumm von mir. Egoistisch.« […] »Das ist nicht fair«, sagte ich. »Es ist so unglaublich unfair.«“** (S. 229 f.)

Gus bereut seine Unaufrichtigkeit Hazel gegenüber. Aber sie versteht, dass er sie schützen wollte vor der Erkenntnis, ihn zu verlieren, nicht die Reise für sie verderben wollte. Sie will sich trotzdem auf die Liebe einlassen und empfindet, wie unfair die Situation ist.

„»Ich glaube nicht, dass wir aus dem Jenseits zurückkehren, um die Lebenden heimzusuchen oder zu trösten oder so was, aber ich glaube ganz fest, dass wir weiterexistieren.«“ (S. 179 f.)
Gus glaubt nicht an Erscheinungen von Toten aus dem Jenseits bei den Lebenden, aber er glaubt an ein Weiterexistieren, was er aber nicht konkret beschreiben kann.

c)

SITUATION	TEXTSTELLE	SPRACHLICHE GESTALTUNGSMITTEL
Erstes Gespräch zwischen Hazel und Gus und nach der Sitzung der Selbsthilfegruppe	**„»Bildschönes Mädchen mit Kurzhaarschnitt und Abneigung gegen Obrigkeiten verliebt sich rettungslos in einen Jungen, der in Schwierigkeiten steckt. Deine Autobiografie, soweit ich sehe.«“** (S. 24)	Ironie
Gespräch als Hazel und Gus Isaac und Monica bei Zärtlichkeiten beobachten	**„»Stell dir die letzte Fahrt zum Krankenhaus vor«, sagte ich leise. […] »Du machst mir die Vibes kaputt, Hazel Grace. […] in ihrer wunderbaren Ungelenkigkeit zu genießen.«“** (S. 26)	Ironie
Gus' Reaktion auf einen frommen Spruch seines Vaters	**„»Schnell, gebt mir Nadel und Faden, das muss ich schnell auf ein Kissen sticken«, sagte Augustus, […].“** (S. 35)	Ironie

Gus will Hazel als Person kennen lernen, nicht ihre Krankengeschichte	**„»Interessen, Hobbys, Leidenschaften, seltsame Fetische und so weiter.«“** (S. 40)	Aufzählung
Hazels Gedanken zu *Ein herrschaftliches Leiden*	**„Manchmal liest man ein Buch, und es erfüllt einen mit diesem seltsamen Missionstrieb, [....] Und dann gibt es Bücher [...], dass darüber zu reden, sich wie Verrat anfühlt.“** (S. 41)	Chiasmus
Hazel und Gus schreiben die E-Mail, in der sie die Schaukel anbieten.	**„»Schaukel sucht neues Heim«, sagte ich. »[...] sehnt sich nach Kinderpopos.«“** (S. 134 f.)	Personifikation
Hazel und Gus schreiben die E-Mail, in der sie die Schaukel anbieten.	**„»Du bist so vertieft darin, du zu sein, dass du keine Ahnung hast, wie absolut nie da gewesen du bist.«“** (S. 135)	Hyperbel
Gespräch zwischen Hazel und ihrem Vater nach der Rückkehr aus Amsterdam	**„»Ich glaube, dass das Universum bemerkt werden will. [...]. Ich glaube, dass es Intelligenz belohnt [...].«“** (S. 239)	Klimax Parallelismus
Gespräch zwischen Gus und Isaac nach der Augenoperation von Isaac	**„»Was machen deine Augen?« »Denen geht's ausgezeichnet«, sagte Isaac. »Ich meine, bis auf die Tatsache, dass sie nicht mehr in meinem Kopf sind.«“** (S. 241)	Wortspiel

d) **„»Es ist eine Metapher, verstehst du: Du steckst dir das tödliche Ding zwischen die Zähne, aber du gibst ihm nicht die Kraft zu töten.«“** (S. 28)
Die Zigarette wird in einen ungewöhnlichen Zusammenhang gestellt. Das Rauchen und die Gesundheit passen nicht zusammen. Diese Metapher ist für Gus ein Symbol für die Möglichkeit menschlicher Macht über Leben und Tod.

„»Der Tag der existentiell belasteten Freiwürfe war zufällig auch der letzte Tag meiner Zweibeinigkeit.«“ (S. 38)
Die Metapher der „existentiell belasteten Freiwürfe“ weist auf seine Verwirrung und Verzweiflung vor der Amputation hin.

„»An der Stelle will Gus immer unbedingt den Gefangenen finden [...].« »Er ist ein bisschen zu verknallt in Metaphern.«“ (S. 145)
Das ist ein Hinweis auf die Problematik des Vergessens und den Wunsch, ein Held für alle Zeit zu sein, in Erinnerung zu bleiben.

e) Wortspiel mit Adjektiv und Adverb erklären
1. Adverb: bezieht sich auf den Bau der Kirche und den Platz, an dem sie sich befinden
2. Adjektiv: falsch benutzt, da es darauf hinweist, dass sie sich im wirklichen Herzen Jesu befinden

➲ Aufgabe 6

- Durch die Inhalte und Aussagen der Bücher erfahren sie gegenseitig Vorlieben und Interessen.
- Durch das Zitieren aus der Literatur erkennen sie die gleiche Art zu kommunizieren.

➲ Aufgabe 7

a) Erwartete Angaben:

- Er nimmt Kontakt mit van Houten auf.
- Er schenkt ihr seinen Wunsch und ermöglicht so die Reise nach Amsterdam.
- Er begleitet sie, obwohl er seine Behandlung dafür unterbrechen muss.
- Er unterstützt sie, steht ihr bei, als van Houten sie enttäuscht.

b) Erwartete Angaben:
- Hazels Traurigkeit über die durch die Schaukel hervorgerufenen Erinnerungen an die unbeschwerte Kindheit
- Idee, die Schaukel zu verschenken
- Bedingungen, die der Beschenkte erfüllen soll
- Verfassen der E-Mail
- Antworten und Auswahl
- Schlagzeile
- Beachten der Merkmale des Zeitungsberichtes

DIE ZEITUNG FÜR KLUGE KÖPFE
DER TAGESANZEIGER
MONTAG, 23. JUNI 2014

c) Erwartete Angaben:
- besucht ihn, kümmert sich um ihn
- spricht mit ihm, versucht ihn zu trösten
- setzt ihre eigene Kraft aufs Spiel, überfordert sich
- widersetzt sich ihren Eltern, um bei ihm sein zu können
- erfüllt seinen Wunsch nach der Vor-Beerdigung
- steht ihm bei, als er zusammenbricht

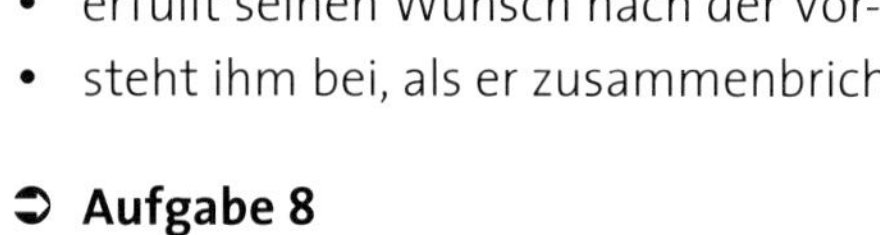

➲ **Aufgabe 8**

a) **„»Es ist ziemlich gemein von dir, ausgerechnet mir zu sagen, dass nur ein Leben Bedeutung hat, das für irgendwas gelebt oder für irgendwas gestorben wurde. So was zu mir zu sagen, ist echt gemein.«“** (S. 180)
„Ich war frustriert. »Ich wäre dir so gern genug, aber es reicht dir nie.«“ (S. 257)

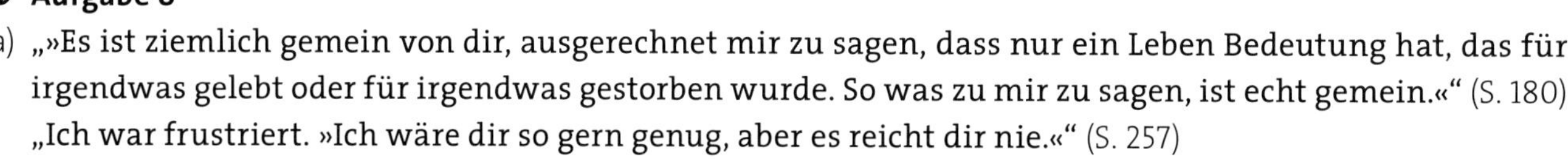

➲ **Aufgabe 12**

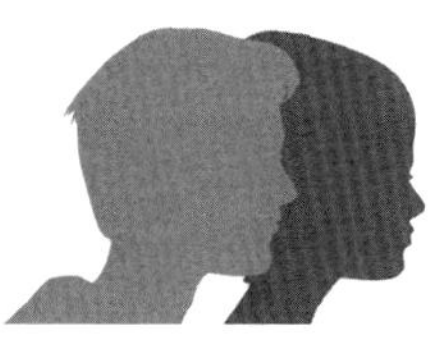

Rückzug und Distanz: Sie können sich gemeinsam zurückziehen und distanzieren.
Aufmerksamkeit und Empathie: Sie stehen einander bei und helfen sich gegenseitig.
Ausgeliefert sein: Sie können einander in Angst und Schmerz aushalten.
Reale und fiktive Welt: Sie können ihre Gedanken zur Literatur austauschen.
Ungewissheit und Glauben: Sie fühlen sich nicht allein der Ungewissheit ausgesetzt.

NÄHE ZULASSEN – Lebensmut und Hoffnung *SH 45–47*

➲ **Aufgabe 1**

b) Angaben aus dem Informationstext und Beispiele für Textstellen

HAZEL	GUS
→ Depression (S. 9) → Schmerzen, Übelkeit, Müdigkeit (S. 53, 113, 181, 318) → verändertes Aussehen (S. 121) → Erschöpfung (S. 117) → Sorgen, Ängste, Traurigkeit (S. 74, 285) → Veränderung des Kontaktes zu Partnern, Freunden und/oder Mitschülern/Berufskollegen (S. 56) → Alltagsbelastungen durch Beeinträchtigungen der Arbeits- und/oder Leistungsfähigkeit/Umstellung des Alltags auf die veränderte Situation (S. 55 f., S. 212)	→ Veränderung des äußeren Erscheinungsbildes durch Operation (S. 25) → Schmerzen, Übelkeit (S. 261) → Erschöpfung (S. 261) → Veränderung des Kontaktes zu Partnern, Freunden und/oder Mitschülern/Berufskollegen (S. 282 f.) → Alltagsbelastungen durch Beeinträchtigungen der Arbeits- und/oder Leistungsfähigkeit/Umstellung des Alltags auf die veränderte Situation (S. 29 f., 37)

➲ **Aufgabe 3**

Gus: **„»Mir gefällt diese Welt. Mir gefällt, wie die Schatten der Blätter umeinandertanzen, wenn der Wind weht. Mir gefällt, wie es klingt, wenn Holländer Holländisch mit mir reden, bevor sie merken, dass ich ein Tourist bin. Und du gefällst mir. [...].«“** (S. 231 f.)
Trotz seines Leidens erlebt Gus gute Augenblicke durch die Natur, die Begegnung mit Menschen, die Liebe.

INHALTSZUSAMMENFASSUNG – Lückentext M 27–28

Reihenfolge der Lückenwörter:

Hauptfiguren – Krebs – Bein – Selbsthilfegruppe – Kommunikationsebene – Ironie – Einladung – Vendetta – Angst – Vorliebe – Zeitbombe – Leben – Sterben – Fortsetzung – Problem – Eltern – Fortsetzungen – Kontakt – Amsterdam – Wunsch – Reise – Ernsthaftigkeit – Beziehung – Rückzug – Belastungen – Denkmal – Wirklichkeit – Enttäuschung – Houten – Liebe – Sterben – Zusammenbrüchen – Gesprächen – Lebensgemeinschaft – Füreinander – Alltagsrealität – Demut

INHALTSZUSAMMENFASSUNG – Stichwörter ausformulieren M 28

Siehe vervollständigter Lückentext

ARBEIT MIT AUDIO-VISUELLEN MEDIEN – Die Verfilmung M 32–35

➲ **Aufgabe 2**

a) Gespräch der Eltern mit Ton/SMS Hazel – Gus nur mit Bild und Sprechblasen mit dem Text der SMS
b) Gespräch Hazel – Gus mit Ton/Handlungen von Isaac ohne Ton im Hintergrund des Bildes

➲ **Aufgabe 3**

1) Die Religiosität der Eltern kommt nicht zum Ausdruck.
2) Der Teppich mit dem Bild Jesu wirkt neben der eher sachlichen Darstellung im Text übertrieben/kitschig. Das könnte die abwertende Beurteilung Hazels der Selbsthilfegruppe gegenüber unterstützen.
3) Die Verfilmung konzentriert sich nur auf die Beziehung von Hazel und Gus.
4) Darstellung der Figur wirkt, nicht nur die Perspektive der Ich-Erzählerin ist ausschlaggebend

➲ **Aufgabe 5**

a) ☒ TOTALE (großer Raum mit allen wichtigen Elementen/oft am Szenenbeginn)
☒ HALBTOTALE (ganze Person unter Einbeziehung des Umfeldes)
☒ HALBNAH (Person von Knie/Hüfte an aufwärts)
☒ NAH (Person von Mitte des Oberkörpers an aufwärts)
☒ GROSS (Kopf)
☒ DETAIL (Ausschnitt/Gesichtsteile)

b) NAH und GROSS – Herausstellen der Hauptfiguren und ihrer Beziehung

TEXTAUSGABEN

John Green: *Das Schicksal ist ein mieser Verräter.* Reihe Hanser. Deutscher Taschenbuchverlag 2014[2].
dtv, Reihe Hanser, 336 Seiten, ISBN: 978-3-423-62583-8
Bestell-Nr.: tbSchicksal

John Green: *Das Schicksal ist ein mieser Verräter.* Gebundene Ausgabe, 288 Seiten
Carl Hanser Verlag GmbH & Co. KG; ISBN: 978-3446240094

HÖRBUCH

John Green: *Das Schicksal ist ein mieser Verräter.* Gelesen von Anna Maria Mühe.
Silberfisch. Gekürzte Lesung; ab 12 Jahre, 5 CDs, 369 Min.
ISBN: 978-3-86742-697-8
Bestell-Nr.: HörSchicksal

VERFILMUNG AUF DVD

John Green: *Das Schicksal ist ein mieser Verräter.* Originaltitel: *The Fault in our Stars* (2014)
ab 6 Jahre, Spieldauer: 121 Min., Dolby Digital 5.1
Twentieth Century Fox Film Corporation, Regie: Josh Boone, Produzenten: Marty Bowen, Wyck Godfrey
In den Hauptrollen: Shailene Woodley und Ansel Elgart
Bestell-Nr.: DVDSchicksal

SEKUNDÄRLITERATUR

Unterrichtsmodell in der Reihe Unterrichtspraxis Reihe Hanser/dtv
Mit ausführlichen Materialien zur Verfilmung.
John Green: *Das Schicksal ist ein mieser Verräter.*
Reihe Hanser 62583 und 8641, herausgegeben von Marlies Koenen.
Download unter: http://www.dtv.de/_pdf/lehrermodell/62583.pdf?download=true

Lektüreempfehlungen zur Thematik

Albom, Mitch: *Dienstags bei Morrie. Die Lehre eines Lebens.* Goldmann 2002[40].
Foster, David: *Das hier ist Wasser/This is Water.* Anstiftung zum Denken. Kiepenheuer & Witsch 2014[13].
Herrndorf, Wolfgang: *BILDER deiner großen LIEBE. Ein unvollendeter Roman.* Rowohlt 2014.
Lindgren, Astrid: *Die Brüder Löwenherz.* Oetinger 1974.
Murail, Marie-Aude: *Halb und halb für drei.* Fischer Schatzinsel 2003.
Nicholls, Sally: *Wie man unsterblich wird. Jede Minute zählt.* Reihe Hanser dtv 2014[6].